Vinte e Oito Discursos sobre Direitos LGBT em Portugal

INDEX ebooks

Centro de Documentação
Gonçalo Diniz

Vinte e Oito Discursos sobre Direitos LGBT em Portugal

**Edição comemorativa do 20.º aniversário da
ILGA Portugal
(1996-2016)**

Uma edição da **INDEX ebooks** com o apoio do
Centro de Documentação Gonçalo Diniz

INDEX ebooks
2016

Ficha técnica

Título: *Vinte e Oito Discursos sobre Direitos LGBT em Portugal*
Organização e seleção de textos: INDEX ebooks com o apoio do Centro de Documentação Gonçalo Diniz

A INDEX ebooks agradece a gentileza de Ana Pinheiro, António Fernando Cascais, Isabel Fiadeiro Advirta, José Magalhães, José Moura Soeiro, José Sócrates, Luís Grave Rodrigues, Maria Teresa Pizarro Beleza, Miguel Vale de Almeida, Paulo Côrte-Real, e das instituições Comissão para a Cidadania e a Igualdade de Género, e ILGA Portugal pela autorização concedida para a reprodução nesta edição dos textos de que são autores ou de que detêm os direitos de autor, bem como a inestimável e valiosa colaboração de Fátima Santos, do Centro de Documentação Gonçalo Diniz, da ILGA Portugal.

Nos textos históricos aqui reproduzidos manteve-se a ortografia original, em vigôr à época em que foram escritos.

Publicado em 10 de dezembro de 2016 (1ª edição)
Edição 2.00 de 17 de maio de 2017

Também disponível em versão ebook, com hiperligações para os artigos, páginas e outras fontes em linha, nas principais lojas online, como a Amazon, Google Play, Apple iStore, Kobo e outras. (ISBN: 978-989-8575-74-6)

ILGA Portugal
www.ILGA Portugal.pt
ILGA Portugal@ilga.org

INDEX ebooks
www.indexebooks.com
indexebooks.com@gmail.com
Lisboa, Portugal

ISBN: 978-1546766964

INTRODUÇÃO

Não são 20 anos, são 20 anos-luz. E, no entanto, a história da luta contra a discriminação em função da orientação sexual e da identidade de género escreve-se sempre devagar demais para quem é alvo da discriminação. O tempo da luta contra a discriminação é sempre paradoxal: cada dia de discriminação é sempre particularmente lento, em vidas de muitas pessoas que, nalguns casos, terminaram rapidamente demais; mas é precisamente pela nossa força conjunta, pela força de todas as pessoas que são e foram alvo dessa discriminação que a mudança acontece e aconteceu com esta rapidez, quando vista numa perspetiva histórica.

A ILGA Portugal faz 20 anos e a INDEX ebooks quis assinalar a data, comemorando duas décadas de existência da mais antiga associação LGBT portuguesa. Para nos dar memória, porque a memória de uma luta que evidentemente não é só da ILGA Portugal – e cada vez é mais alargada – nos ajuda a saber lutar melhor no futuro por tudo o que nos falta alcançar. Daí também a colaboração nesta obra do Centro de Documentação Gonçalo Diniz, um projeto fundamental da ILGA Portugal, que é ainda o único centro de documentação com enfoque em questões LGBT no país – e que, mais do que a memória da ILGA Portugal, é a memória de um movimento que já transformou o país no espaço de poucas décadas.

Em todo o caso, a INDEX ebooks nunca pretendeu que esta publicação fosse uma história da ILGA Portugal, ainda que a ocasião seja o seu 20º aniversário. O aniversário é, no fundo, um pretexto para uma seleção de textos que marque a evolução na área LGBT desde o início do século XX, recordando-nos o que temos vindo a conquistar em conjunto. E, numa história como a nossa, tão marcada por silêncios, desde o silenciamento sistemático das nossas identidades até ao silenciamento da própria discriminação, cada discurso que venha quebrar estes silêncios é, necessariamente, um grande discurso – que ecoa, que desmonta tabus, que nos traz a realidade das pessoas para as sobrepor às ficções que o preconceito tenta sempre impor.

Ler esta recolha de textos é perceber como mudámos. É perceber como muda a nossa linguagem, que reflete as nossas realidade, é perceber como mudam os nossos conceitos e como as nossas reivindicações evoluiram, é perceber como a impunidade da discriminação tem vindo a ser progressivamente contrariada. A igualdade no acesso ao casamento era impensável já muitos anos depois da formação da ILGA Portugal; e é uma realidade há 6 anos. O impensável foi pensado – e concretizado. Os crimes de ódio sempre foram silenciados e só começaram a vir a público há pouco mais de uma década – e os silêncios já não vão parar de ser quebrados. As representações de pessoas LGBT foram ganhando correspondência com uma realidade que continuará a ser sempre mais diversa e sempre mais complexa. A mudança fomos, somos e continuaremos a ser nós – um "nós" cada vez mais abrangente porque os Direitos Humanos se conjugam sempre na primeira pessoa do plural.

No 20º aniversário da ILGA Portugal, e como se vê pelos textos finais incluídos nesta recolha, fecha-se o primeiro ciclo da luta contra a discriminação, com a igualdade no acesso à candidatura à adoção e também às técnicas de procriação medicamente assistida. O fim da discriminação explícita na lei é uma condição necessária para uma luta credível e sustentada contra a discriminação das pessoas LGBT nos diversos planos. Evidentemente, não é uma condição suficiente: há muito trabalho pela frente, de aperfeiçoamento da lei da identidade de género (que foi outra conquista recente); de inclusão desta categoria na Constituição (à semelhança do que aconteceu com a orientação sexual em 2004 e do que aconteceu com a identidade de género em legislação mais recente, do Código Penal ao Código do Trabalho, passando ainda pelo Estatuto do Aluno); de reconhecimento e proteção de pessoas intersexo; de mecanismos de efetiva proibição e punição da discriminação nos diversos campos, do trabalho ao acesso a bens e serviços, à saúde, à educação e à proteção social; de combate aos crimes e discurso de ódio, com trabalho junto dos setores da segurança e da justiça; de um trabalho estruturado de educação, formação e sensibilização de todos estes setores que são estruturantes para o exercício da cidadania. Mas, no fundo, com o fim deste primeiro ciclo, já ganhámos finalmente o direito a dizer que está praticamente tudo por fazer. E é por isso que podemos antecipar que virão aí muitos mais grandes discursos – e grandes ações – com cada vez mais pessoas a recusar silêncios e a levantar a voz pela igualdade.

Aliás, a INDEX ebooks vem, com esta publicação, oferecer-nos o nosso passado mas também contribuir para o nosso futuro, ao fazer reverter as receitas da venda da 1.ª edição para a ILGA Portugal e para os projetos que desenvolvemos. Em nome da ILGA Portugal, termino por isso com um agradecimento especial à INDEX ebooks por esta iniciativa que é tão importante não só para recuperarmos a nossa história recente e para celebrarmos as vitórias que já conseguimos, mas também para continuarmos a mobilizar-nos para alcançar as muitas vitórias que temos pela frente. Vamos a isso.

Paulo Côrte-Real
Lisboa, 10 de dezembro de 2016

CRONOLOGIA DOS MOVIMENTOS LGBT EM PORTUGAL

Ancien Régime

Não existindo a categoria "homossexual" (criada pelos campos médico, psiquiátrico e jurídico na transição dos séculos XIX para XX) nem a concomitante auto-identificação categorial, o Ancien Régime constitui um período de vivências de actos homossexuais mas não de identificações da homossexualidade per se. No caso português tanto a Inquisição como, depois, o caso Beckford, são talvez os dois símbolos mais fortes da memória colectiva. De 1536 a 1821 a Santa Inquisição, ou o Tribunal do Santo Ofício em Portugal, reprimiu a sodomia, "o abominável acto nefando" ou o "nefando pecado". A sodomia era equiparada pela Inquisição aos piores crimes, como a heresia, sendo que o parceiro "passivo" na relação era particularmente penalizado Já os actos sexuais entre mulheres eram considerados menos graves, tendo sido mesmo descriminalizados em meados do século XVII. No total, mais de 4000 pessoas foram denunciadas, cerca de 500 presas e 30 queimadas A Inquisição terá realizado em Portugal cerca de 760 autos-de-fé, no decorrer dos quais foram penitenciadas ou relaxadas ao braço secular cerca de 28.000 pessoas Quanto ao nefando pecado da sodomia, este terá sido motivo da prisão de 447 indivíduos, tendo sido sentenciados um total de 390, dados que se referem apenas às inquisições de Lisboa, Évora e Coimbra (Gameiro 1998:64-5). O processo inquisitorial mais compulsado, o de D Rodrigo da Câmara, 3º Conde de Vila Franca (1594-1672), descendente de uma família de capitães-donatários da ilha de São Miguel, tem servido para alimentar os mais diversos tipos de representações sobre a homossexualidade (Gameiro 1998:68) Mais tarde, o caso do envolvimento de William Beckford (1759-1844) – fugido de Inglaterra pelas suas aventuras homoeróticas – com o jovem D Pedro, futuro Marquês de Marialva e Conde de Cantanhede, marcou a história da memória da homossexualidade em Portugal (Gameiro 1998:70).

Do século XIX para o século XX. A Primeira República em Portugal

1852: Código Penal

1867: A 29 de Agosto, Karl-Heinrich Ulrichs foi o primeiro auto-proclamado homossexual a falar publicamente a favor dos direitos dos homossexuais, quando pediu ao Congresso de Juristas Alemães em Munique para aprovarem uma resolução apelando ao fim das leis anti-homossexuais

1869: O termo "homossexualidade" surge impresso pela primeira vez num panfleto germano-húngaro escrito pelo escritor e jornalista Karl-Maria Kertbeny (1824-1882)

1886: No Reino Unido, o *Criminal Law Amendment Act*, que ilegalizava as relações sexuais entre homens (mas não entre mulheres) foi aprovado pela Rainha Vitória No mesmo ano, a Argentina descriminalizava a homossexualidade. Revisão do Código Penal português que criminaliza a homossexualidade

1891: Abel Botelho publica *O Barão de Lavos*. Esgotada em quinze dias, esta obra conheceria cinco edições, para além de ter sido então traduzida para castelhano «Trata-se do primeiro volume de uma colecção de romances que o próprio autor intitulou *Pathologia Social*[1] e é em si mesmo um perfeito exemplo de como a linguagem da medicina legal e da antropologia criminal, de permeio com a ideologia de pendor socialista e republicano dos seus autores, passava para o senso comum, tendo tido um público fiel junto da pequena burguesia urbana e letrada da época[2]» (Gameiro 1998:72-3) «A associação entre homossexualidade e aristocracia, como duas faces de um idêntico processo "degenerativo" nacional, terá o seu corolário quer na literatura do naturalismo social, quer no cientifismo positivista do final do séc XIX e início do séc. XX. Por outro lado, a raiz republicana que ambos os fenómenos tiveram em Portugal parece ter ajudado a que as ditas instrumentalizações políticas da homossexualidade tenham tido como alvo preferencial a aristocracia» (Gameiro 1998:72-3).

1892: As expressões "bissexual" e "heterossexual" são usadas pela primeira vez com o seu sentido actual na tradução por Charles Gilbert Chaddock de Psychopathia Sexualis do sexólogo Kraft–Ebing.

1895: Oscar Wilde é julgado ao abrigo do *Criminal Law Amendment Act*, acusado de *gross indecency* e sentenciado a dois anos de prisão.

1897: O sexólogo Magnus Hirschfeld funda o Scientific Humanitarian Committee para organizar a luta pelos direitos dos homossexuais e para abolir o Parágrafo 175 da Lei alemã que, desde 1871, criminalizava a homossexualidade.

1912: A Primeira República estabelece legislação que cria a figura jurídica do "vadio", inspirada no Código Penal Regenerador

1914: Mário de Sá Carneiro publica *A confissão de Lúcio*.

1918: Publicado o poema *Antinous*, de Fernando Pessoa.

1922: Armindo Camilo Monteiro, através do "estudo médico do Conde de Vila Franca, D Rodrigo da Câmara", propunha-se «reunir e apurar noções detalhadas sobre o importante capítulo da Medicina Legal, o homo-sexualismo"» (Gameiro 1998:77). Egas Moniz, nas suas obras *A Vida Sexual* e *Pathologia*, considerou a homossexualidade como uma doença mental e

---

[1] Ver Sampaio (1931) Os restantes volumes intitulam-se *Livro de Alda* (vol. II, 1898), *Amanhã* (vol. III, 1901), *Fatal dilema* (vol. IV, 1907) e *Próspero Fortuna* (vol. V, 1910).

[2] A instauração da República permitiria a Botelho ascender à carreira diplomática, vindo a morrer em Buenos Aires, em 1917, como ministro plenipotenciário, depois de ter sido deputado, senador e laureado com diversas ordens e comendas; Sampaio, 1931.

uma perversão, "tão digna de ser tratada como qualquer outra. " No mesmo ano é publicado o livro Canções, de António Botto.

1923: O Governador Civil de Lisboa manda apreender os livros *Canções*, de António Botto, *Decadência*, de Judite Teixeira e *Sodoma Divinizada*, de Raul Leal, autores que escreviam textos literários de carácter muito claramente homossexual, e que tinham gerado grande polémica na conservadora sociedade lisboeta da época, na sequência de um indignado manifesto de estudantes de Lisboa, integralistas radicais, encabeçados por Teotónio Pereira, futura figura do Estado Novo. Álvaro de Campos (Fernando Pessoa), em reacção, escreve *Aviso por causa da moral*. Judith Teixeira defender-se-á em conferência pública intitulada *De mim*. Botto partirá para o exílio

1924: É fundada em Chicago a primeira organização de direitos homossexuais na América, a Society for Human Rights Dura poucos meses até ser fechada pela polícia.

1925: Manuel Teixeira Gomes, o sétimo Presidente da República Portuguesa, demite-se, segundo disse para se dedicar à literatura, mas na realidade no meio de acusações de ser autor de obras homoeróticas.

1926: O The New York Times é a primeira publicação de grande circulação a usar a palavra "homossexualidade".

1928: É publicado nos EUA The Well of Loneliness de Radclyffe Hall, gerando grande controvérsia legal e trazendo o assunto da homossexualidade para a praça pública.

1933: O Partido Nacional Socialista Alemão ilegaliza os grupos homossexuais e muitos homossexuais são enviados para campos de concentração Os nazis queimam a biblioteca do Instituto de Pesquisa Sexual de Magnus Hirschfeld e destroem o Instituto. Criada a Mitra em Portugal. Seria o local de internamento para muitos homossexuais até 1952, quando passa a instituição para-psiquiátrica.

1937: É usado pela primeira vez o triângulo rosa por homens homossexuais nos campos de concentração nazis

Pós-Guerra e Ditadura em Portugal.

Segundo Susana Pereira Bastos (1997), o Estado Novo mais não fez do que reapropriar-se das práticas e representações científicas e legais anteriores, «tornando–as legitimadoras da intensificação de um modelo repressivo que se revelava promissor na ocultação das impurezas de um sistema que se via a si próprio como salvífico» (Gameiro 1998:79-80). Os grupos sociais encarcerados nas Mitras incluiam todos quantos pudessem constituir um "perigo moral" para a sociedade idealizada pelo regime. Juntamente com menores abandonados, mendigos, loucos, todos quanto de algum modo participavam no mundo da prostituição, remanescentes de um êxodo rural mal sucedido, surgem-nos processos de homossexuais

9

apanhados pela então chamada Polícia de Costumes, também eles aprisionados com vista à sua recuperação, por se entregarem "a práticas de vícios contra a natureza"[3] (Gameiro 1998:80) «Todavia, no caso dos homossexuais, a intervenção das forças de segurança perante tal "estado de perigosidade" resultava muitas vezes num aproveitamento da lei e da vergonha socialmente reproduzida em favor dos agentes policiais Se é possível encontrar processos de homossexuais sumariamente julgados e enviados para a Mitra[4], outros há que foram vítimas de extorsão e/ou chantagem exercida pela polícia[5]. A este tipo de crime de extorsão de dinheiro a um homossexual, com ou sem violência, as forças de segurança intitulavam «crimes de arrebenta» (Gameiro 1998: 80-1). O regime de Salazar procederá ainda à censura sistemática de todo o conteúdo homossexual artístico. Os homossexuais, e outros acusados de conduta imoral ou vadiagem, como prostitutas, chulos, doentes mentais, mendigos ou as crianças em "risco moral", deviam ser escondidos da sociedade, e eram muitas vezes internados por longos períodos em estabelecimentos específicos de "reeducação", como as Mitras, nos quais foram admitidas e maltratadas de 1933 a 1951 mais de 12 mil pessoas[6].

Há também referência à detenção, tortura e deportação pela PIDE de homossexuais, associada muitas vezes à repressão política. E o caso de Júlio Fogaça, dirigente do Partido Comunista Português, então na clandestinidade, que em 1962 foi condenado como "pederasta passivo e habitual na prática de vícios contra a natureza" Júlio Fogaça seria também vítima da intolerância do Partido Comunista que o expulsou do Partido na mesma ocasião com base na sua conduta moral.

1945: Após a libertação dos campos de concentração pelas forças aliadas, os internados por homossexualidade não são libertados, mas sim obrigados a cumprirem as suas penas ao abrigo do Parágrafo 175 (anterior ao regime nazi) que punia a homossexualidade.

1946: O COC (Centro para a Cultura e Recreio, em neerlandês) é fundado na Holanda e é uma das primeiras organizações homófilas e a mais longa sobrevivente (existe ainda hoje).

1948: É publicado *Sexual Behavior in the Human Male* de Alfred Kinsey. O trabalho de Kinsey viria trazer à luz do dia as vivências homossexuais dos americanos, numa época em que ainda se realizavam terapias de conversão

---

[3] Pereira Bastos, 1997, p. 49.

[4] «Trata-se de um pederasta. Segue para a colónia do Pisão para amansar », lê-se num processo de 1947, in Ibid, p. 239.

[5] "«Estava a falar com um senhor perto das casas de banho do Rossio e ele disse-me para ir a casa dele. Veio a polícia: Ou pagas tanto ou calabouço. Eram os «arrebenta» [...] intimidavam as pessoas quando era a repressão dos costumes [...] Outra vingança que eles faziam quando nós não pagávamos ou não lhes dávamos o ouro era irem para a terra ou para a família dizer fulano é «isto». Foi isso que me transtornou fisicamente e moralmente. Nunca mais me reconciliei com a família »", entrevista a um um indivíduo de 61 anos, internado em 1949, realizada por Pereira Bastos, 1997, p. 239 (retirado de Gameiro 1998).

[6] Ainda sobre a repressão no Estado Novo e em geral no período da ditadura. Ver a reportagem de São José Almeida, suplemento Pública, jornal Público, 12 de julho de 2009.

forçada, nomeadamente através de electro-choques e internamento obrigatório em hospitais psiquiátricos.

1950: É fundada a Federação Sueca para os Direitos de Lésbicas, Gays, Bissexuais e Transgénero e a Mattachine Society, o primeiro grupo homossexual americano. No mesmo ano 190 indivíduos são demitidos de empregos públicos nos EUA em virtude da sua orientação sexual, começando o que ficou conhecido como o Lavender Scare.

1953: É publicado *Sexual Behavior in the Human Female*, de Alfred Kinsey.

1954: É fundado o Arcadie, o primeiro grupo homossexual francês.

1955: Fundada em São Francisco a associação Daughters of Bilitis, organização lésbica equivalente da Mattachine Society.

1957: A palavra "transexual" é cunhada pelo médico americano Harry Benjamin.

1958: É fundada no Reino Unido a Homosexual Law Reform Society.

1960-62: Júlio Fogaça, dirigente do PCP, é preso pela PIDE numa pensão da Nazaré onde estava com um homem com quem mantinha uma relação e foi condenado como "pederasta passivo e habitual na prática de vícios contra a natureza". A PIDE divulgou a confissão do companheiro de Fogaça nos círculos oposicionistas. Pouco depois o PCP publicava no Militante uma notícia dizendo que Fogaça era expulso do partido por razões de natureza moral e irregularidades com fundos.

1962: O Illinois torna-se no primeiro estado dos EUA a remover as leis de sodomia do seu código penal. Estas leis, punindo actos sexuais entre homens, persistiram até muito recentemente em várias regiões daquele país.

1964: Surgem no Canadá as primeiras organizações gay (ASK) e as primeiras revistas gay (ASK Newsletter e Gay).

1966: É fundada a National Planning Conference of Homophile Organizations (mais tarde, em 1967, NACHO–North American Conference of Homophile Organizations). Têm lugar os motins da Compton's Cafeteria, um local de S Francisco frequentado por transgéneros, por ocasião de uma rusga policial. Abre em Nova Iorque a Oscar Wilde Bookshop, primeira livraria no mundo orientada para um público homossexual. Nuestro Mundo é o primeiro grupo homossexual latino-americano e é fundado na Argentina.

1969: Revolta de Stonewall em Nova Iorque, marco simbólico do nascimento do movimento LGBT contemporâneo.

1972: A Suécia é o primeiro país do mundo a autorizar a mudança legal de sexo a transexuais, e oferece terapia hormonal gratuita. Nos EUA, Jim Foster, de São Francisco e Madeline D Davis, de Buffalo (NY), são os primeiros delegados gay e lésbica à Convenção Democrática A delegada escreve e grava Stonewall Nation, o primeiro hino gay, produzido pela Mattachine Society; também ela lecciona, com Margaret Small, o curso Lesbianism 101, o primeiro sobre lesbianismo nos EUA, na Universidade de Buffalo.

1973: A American Psychiatric Association retira a homossexualidade do DSM-II, graças à pesquisa e activismo de Evelyn Hooker.

O período do pós-guerra foi, no Ocidente, marcado por importantes transformações nas relações de género e nas percepções da sexualidade Para a população LGBT, os anos 60 e 70 foram os anos do surgimento de uma identidade colectiva pública e de movimentações sociais de libertação do estigma da homossexualidade, de combate à homofobia e de assunção da orientação sexual e identidade de género.

Pós-anos 60 e democracia portuguesa

1974: 25 de abril e restauração da democracia em Portugal. Em 13 de Maio é publicado no Diário de Lisboa o Manifesto do MAHR, Movimento de Acção dos Homossexuais Revolucionários, impulsionado por António Serzedelo (que viria a ser fundador da Opus Gay). O manifesto é repudiado pelo general Galvão de Melo na TV, citando carta de cidadão anónimo: «começo a perguntar se isto será a liberdade que o povo português sonhava permitir-se, a ignóbil transcrição em jornais do comunicado das prostitutas e dos homossexuais». Helena Vaz da Silva reage a favor do comunicado no DL de 1 de junho. No mesmo ano Kathy Kozachenko é a primeira pessoa homossexual assumida a ser eleita para um cargo público quando ganha um lugar de vereadora na Câmara Municipal de Ann Arbor, Michigan (EUA).

1975: A 7 de junho o Expresso revela documento de militante do PCP, trabalhador na RTP, com lista de saneamentos (conhecida como "Documento Veloso") a levar a cabo. Entre os critérios encontra-se a homossexualidade de alguns visados. Fundado o Movimento de Libertação da Mulher, que contava, de forma não assumida, com muitas militantes lésbicas.

1977: Harvey Milk é eleito *city-county supervisor* em São Francisco – onde o bairro do Castro se tornara no primeiro bairro marcadamente LGBT – tornando-se no terceiro Americano assumido a ocupar um cargo público. No Dade County, Florida, é promulgada uma Ordinance de Direitos Humanos, abolida no mesmo ano depois da campanha contra os direitos homossexuais protagonizada por Anita Bryant. O Québec torna-se na primeira jurisdição maior do que uma cidade ou um condado a proibir a discriminação com base na orientação sexual nos sectores público e privado.

1978: Harvey Milk e o Presidente da Câmara George Moscone são assassinados pelo Supervisor Dan White. Nesse ano a bandeira do arco-íris é usada pela primeira vez. O MLM dá lugar à IDM, Informação Documentação Mulher.

1979: Tem lugar a Primeira Marcha pelos Direitos Homossexuais, em Washington DC.

O período pós-sida e pós-adesão à UE e a agenda das uniões de facto

1980: Começam a aparecer vários casos inexplicáveis de doenças oportunistas em homens gay nos Estados Unidos A alta incidência dessas doenças em homossexuais chamou a atenção do centro de controle de doenças dos Estados Unidos em 1981, quando publicaram o primeiro artigo que referenciava uma possível nova doença infecciosa, inicialmente vista como uma doença que afectava apenas os homossexuais. Só após o aparecimento da sida em Portugal, na primeira metade dos anos 1980s, o movimento associativista homossexual ganha consistência, visibilidade e respeitabilidade, em articulação com a luta contra a sida, nomeadamente via Associação Abraço. Nesta fase começam a surgir ou a consolidar a sua visibilidade as primeiras figuras públicas homossexuais, como Carlos Castro, Guilherme de Melo, Ary dos Santos e António Variações, cuja morte provocada pela pandemia é o acontecimento homossexual trágico que causa alguma comoção e impacto a nível nacional. Em países como os EUA ou a França, a crise da sida e a lenta e preconceituosa reacção à doença pelas instituições médicas e políticas, leva ao surgimento de formas de intervenção LGBT mais radicalizadas, como o ACT UP e, simultaneamente, à decadência de estilos de vida influenciados pela libertação sexual dos anos 60 e ao crescimento de exigências de reconhecimento da conjugalidade e da integração social. Ainda em 1980 o Partido Democrata nos EUA torna-se no primeiro partido político americano a endossar os direitos homossexuais. É fundado, por Steven Endean, o Human Rights Campaign Fund. A HRC é a maior organização de direitos civis nos EUA trabalhando pela igualdade para a população LGBT. Em Portugal é criado em Agosto o CHOR, Colectivo de Homossexuais Revolucionários, como um dos grupos do Centro de Dinamização Juvenil Culturona. Impulsionado por João Grosso, Fernando Cascais e José Calisto, acabaria em 1981. Promoveu um encontro público em Novembro de 1980 com 300 pessoas na 2ª feira da Arte do Desenrasca, na Culturona. A 17 de Setembro, o PSR reivindica "abolição de todas as discriminações contra os homossexuais" no seu Manifesto à Juventude.

1981: Activistas do CHOR desfilam com cartazes no 1º de Maio. João Grosso é entrevistado para o Portugal Hoje. O CHOR terminaria no mesmo ano. A Assembleia Parlamentar do Conselho da Europa adoptou a recomendação 924 condenando toda a discriminação legal e social contra a população homossexual.

1982: É revogado o Código Penal (CP) de 1886, que no artigo 71º punia com medidas de segurança – internamento em manicómio criminal, casa de trabalho ou colónia agrícola (por período de seis meses a três anos, para trabalhos forçados), liberdade vigiada, caução de boa conduta e interdição do exercício de profissão – a quem se entregasse habitualmente à prática de vícios contra a natureza, práticas essas que agredissem o princípio básico da moral sexual e o primado da sexualidade genital e da reprodução. Mas cria-se um novo crime (artigo 207º), "Homossexualidade com menores", punindo com prisão até três anos «quem, sendo maior, desencaminhar menor de 16 anos do mesmo sexo para a prática de acto contrário ao pudor, consigo ou com outrem do mesmo sexo». No mesmo ano têm lugar os encontros Ser (homo)sexual, organizados pelo Centro Nacional de Cultura, nomeadamente por Isabel Leiria, José Calisto, e Helena Vaz da Silva, tendo participado Afonso de Albuquerque, Natália Correia, Guilherme de Melo, e Guilherme de Oliveira Martins. Promovidos também pelo CHOR.

1986: Morre António Variações, que viria a ser um ícone pop gay. É julgado no Tribunal da Relação de Lisboa um caso relacionado com transexualidade: "X" queria mudar de nome depois da cirurgia de reassignação mas o tribunal achou que não era "por isso que se tornara mulher", pelo que a autorização foi negada. Portugal adere à União Europeia (então CEE).

1987: O ACT UP organiza a sua primeira manifestação nos EUA e 17 manifestantes são presos. A organização mudaria a face do movimento LGBT, ao enveredar pela acção directa em protesto contra as farmacêuticas e os governos acusados de não investirem na luta contra a sida por razões homófobas.

1989: Em Portugal uma portaria de inaptidões para o serviço militar classifica como doença mental os «desvios e transtornos sexuais: homossexualidade e outras perversões sexuais». Quem manifestar tal "desvio" é considerado inapto (Ver 1999). A Dinamarca é o primeiro país do mundo a legislar sobre Parcerias Registadas abrangendo casais de pessoas do mesmo sexo.

1991: Um casal de lésbicas cria em Portugal a revista Organa. A revista promoveria encontros de reflexão e uma linha de atendimento sobre homossexualidade. Publicaria 9 números até 1993. Em Maio é criado o GTH, Grupo de Trabalho Homossexual do PSR, Partido Socialista Revolucionário.

1992: A Organização Mundial da Saúde retira a homossexualidade da sua ICD-10. No 1º de Maio o GTH desfila na marcha da CGTP com faixa sobre homossexualidade. No dia seguinte os jornais relatam «embaraço» para a Central sindical. O GTH lança o seu manifesto na Comuna.

1993: A Noruega aprova a lei de parcerias registadas, conferindo aos casais do mesmo sexo os mesmos direitos dos casais de sexo diferente, excepto o direito a adoptar ou a casar na igreja (oficial naquele país). Em Portugal termina a revista Organa. Seis lésbicas, quatro delas oriundas da Organa, criam a revista Lilás, que duraria até 2002.

1994: João Mouta consegue em tribunal que lhe seja confiado o exercício do poder paternal, apesar da argumentação da mãe da filha – que referia ser ele "pederasta e viver em mancebia com outro homem". A mãe recorre para a Relação. Em 1994 o Parlamento Europeu votava favoravelmente a Resolution on Equal Rights for Homosexuals and Lesbians in the EC (A4-0223/96), reiterando-a no ano seguinte (A4-0112/97).

1995: Activistas da luta contra a sida começam reuniões que levariam à fundação da ILGA Portugal. Cresce a visibilidade de associados da Associação Abraço que viriam a fundar a ILGA Portugal, com a participação em programas televisivos que versavam quer a luta contra a sida (programa Maria Elisa), quer a situação dos homossexuais em Portugal (programa Grande Reportagem); Gonçalo Diniz é convidado para participar num encontro gay organizado por voluntários das associações Abraço e Alternativa Positiva. Em 28 de Junho um grupo de activistas, com o apoio do GTH, celebra o Dia do Orgulho (celebração da revolta de Stonewall) na discoteca Climacz de Lisboa, com leitura de poemas por Al Berto e espectáculo de travestis. No mesmo ano dá-se nova revisão do Código Penal, substituindo-se o artigo 207° pelo 175°, "Actos homossexuais com menores" Prevê-se que «quem, sendo maior, praticar actos homossexuais de relevo com menor entre 14 e 16 anos, ou levar a que eles sejam por este praticados com outrem, é punido com pena de prisão até 2 anos ou com pena de multa até 240 dias» Entre pessoas da mesma idade mas de sexo diferente, só há crime se houver «abuso de inexperiência». É também o ano do "Caso Candal": o candidato do PS por Aveiro acusa o candidato do PP, Paulo Portas de ser apoiado pela Opus Dei e por um suposto "lobby gay" António Guterres retira-lhe a confiança política mas dias depois remete comentários sobre homossexualidade para a sua mulher, «por ser psiquiatra». Mário Viegas, candidato independente da UDP, responde com o manifesto *Sou homossexual e estou na política*.

1996: Em Novembro, Gonçalo Diniz participa nas Jornadas de Ética da Associação Abraço na qualidade de homossexual, crescendo a adesão à Associação ILGA Portugal, patente tanto na subida do número de associados como na quantidade de correspondência recebida (ver Gameiro 1998) Por outro lado, essa visibilidade e capacidade organizativas foram devidamente potencializadas junto da indústria gay, dos periódicos para um público homossexual entretanto surgidos, da Comissão Nacional de Luta Contra a Sida (CNLCS), das Associações de Planeamento Familiar de Lisboa e do Porto, e, finalmente, junto da edilidade lisboeta, cujo presidente assumiu claramente o compromisso de fornecer à associação um espaço camarário. Em Abril, a Associação ILGA Portugal é fundada legalmente. No mesmo ano a mãe da filha de João Mouta obtem do Tribunal da Relação de Lisboa a retirada do poder paternal ao pai, com acórdão homofóbico referindo que «a menor deve viver no seio de uma família tradicional portuguesa» Mouta encaminha queixa para o Tribunal Europeu dos Direitos Humanos. Em Aveiro, quatro amigas fundam o Clube Safo. Três delas tinham passado pela Organa e pela Lilás. Nasce a revista Trivia, mista lésbica e gay. Publicaria seis números.

1997: A Comissão Europeia de Direitos Humanos deliberava que uma idade de consentimento diferenciada entre homo e heterossexuais constituia uma violação clara dos direitos humanos. No mesmo ano foi assinado o Tratado de Amsterdão que, no seu artigo 13°, recomendava aos Estados-membros que criassem legislação no sentido de eliminar toda e qualquer discriminação «em razão do sexo, raça ou origem étnica, religião ou crença, idade ou orientação sexual». A África do Sul torna-se no primeiro país a proibir explicitamente a discriminação com base na orientação sexual na sua Constituição. Em Portugal tem lugar a 1ª Marcha VIH/Sida. A Associação ILGA Portugal lança a campanha "Não faças do 13 um 31", exigindo a inclusão da orientação sexual no artº 13° da Constituição. O Partido Ecologista "Os Verdes" propõe incluir no artigo 13° da Constituição a proibição da discriminação em função da orientação sexual, mas a abstenção do PS e votos contrários do PSD e do PP impedem a aprovação. Em Maio é inaugurado pelo Presidente da CML, João Soares, o Centro Comunitário Gay e Lésbico de Lisboa (hoje designado "Centro LGBT"), também sede da Associação ILGA Portugal. Em Junho ocorre o Primeiro Arraial Pride, no Príncipe Real, promovido pela ILGA Portugal e com o apoio do GTH, Clube Safo, bares da zona e CML. Mobilizou 200 pessoas. A Opus Gay apresenta manifesto de fundação por ocasião do Arraial Pride e abre sede em Lisboa meses depois. Em Setembro acontece o primeiro Festival de Cinema Gay e Lésbico de Lisboa, organizado pela Associação ILGA Portugal e com o apoio da CML e da Cinemateca Portuguesa. O Festival tem-se realizado todos os anos, embora organizado por entidades diferentes a partir de 2001 (Associação Cultural do Festival de Cinema Gay e Lésbico de Lisboa e, depois, pela Associação Janela Indiscreta, tendo mudado a designação para Queer Lisboa em 2007). Em Junho, um semanário anunciava que a Juventude Socialista (JS) preparava um projecto de lei sobre uniões de facto Como o artigo 4° desse projecto impedia os casais homossexuais de adoptar tornou-se paradoxalmente óbvio que estes estariam incluídos na proposta O facto desta inclusão – que não da proibição – levantou polémica no PS e o projecto não foi apresentado no Parlamento. É publicado o despacho do Ministério da Administração Interna n ° 13/97, que declara inaptidão à admissão na PSP de «personalidades psicopáticas de qualquer tipo, particularmente anormais sexuais, em particular invertidos».

1998: O assassínio de Matthew Shepard nos EUA tornar-se-ia num símbolo trágico de homofobia. Segunda Marcha VIH/Sida em Lisboa. No seio da Associação ILGA Portugal surge o Grupo de Mulheres. Surgiriam depois outros grupos de interesse, como os Gorduxos, a LAISH (Linha de atendimento sobre homossexualidade), o Grupo Jovem, e o GIRL (Grupo de Intervenção e Reflexão Lésbica). Tem lugar o segundo Arraial Pride no Príncipe Real, com 4 mil pessoas (o Arraial Pride terá lugar todos os anos até à data da redacção deste documento, com crescente número de participantes, atingindo a dezena de milhar). Foi distribuído o primeiro manifesto conjunto das associações (subscrito por ILGA Portugal, GTH, Opus Gay e Associação Abraço), reivindicado a alteração do artº 13° da Constituição, uniões de facto, educação sexual inclusiva, não–discriminação no trabalho, na saúde, na doação de sangue, na adopção, no poder parental e no direito de asilo. Primeiro referendo da IVG. Em Maio a JS anunciava a apresentação de novo projecto de uniões de facto (Projecto de Lei N.º 527/VII) que excluía os casais do mesmo sexo. Lei de Parcerias registadas nos Países Baixos.

1999: A Califórnia adopta uma lei de parcerias domésticas e a França estabelece a PaCS (Pactos Civis de Solidariedade). O Projecto de Lei N.º 527/VII tornou-se, a 3 de Março de 1999, na Lei 135/99 que afirmava no seu artigo 1º ser exclusivamente dirigida a casais de sexo diferente. No mesmo dia a JS emitiu um comunicado de imprensa afirmando a vontade de apresentar um novo projecto em 1999 que incluísse casais de pessoas do mesmo sexo. Os Verdes apresentaram o Projecto de Lei 6/VIII para mudar a Lei 135/99 de modo a incluir casais homossexuais, embora mantendo a restrição à adopção. Em Dezembro, o Bloco de Esquerda apresentou uma proposta (Projecto de Lei nº 45/VIII) que remetia a questão da adopção para uma futura e paralela alteração das leis próprias da adopção. Consequentemente, o Bloco de Esquerda apresentou também uma proposta de alteração das leis de adopção de modo a permitir o acesso de casais homossexuais. Em Março é revogada a Classificação Nacional das Deficiências depois de protestos do GTH e da Associação ILGA Portugal, incluindo manifestações, abaixo-assinados e uma queixa à Provedoria. Em Janeiro de 1999, o país foi alertado, através de um artigo do Diário Económico, para o facto de, no anexo à Deliberação nº9/99 do Conselho Superior de Estatística de 6 de Janeiro, que definia a Classificação Nacional de Deficiências, estar incluída uma «deficiência da função heterossexual» Com efeito, dentro dos nove grupos da Classificação Nacional de Deficiências, no grupo de deficiências Outras deficiências psicológicas era criado um subgrupo de Deficiências das funções emotiva e volitiva e na alínea 25, relativa às Deficiências de pulsões aparecia a «deficiência da função heterossexual». Esta classificação oficial das deficiências tinha sido efectuada por um grupo de trabalho presidido por um membro do Secretariado Nacional para a Integração e Reabilitação das Pessoas com Deficiência (SNIRPD) da tutela do Ministério do Trabalho e Solidariedade, usando os critérios da Organização Mundial de Saúde (OMS) de 1976. A Associação ILGA Portugal escreve ao primeiro-ministro a pedir a revogação da classificação. A 24 de Março de 1999 dá entrada na Provedoria de Justiça uma queixa da Associação ILGA Portugal e do GTH, relativa à referida classificação. O Conselho Superior de Estatística informa através de um comunicado de 25 de março de 1999 que a Classificação Nacional de Deficiências foi revogada. Entra em vigor o Tratado de Amesterdão (UE), que consagra a proibição da discriminação em função da orientação sexual. O Estado português é condenado pelo Tribunal Europeu dos Direitos Humanos no caso João Mouta, por violação dos artigos 8º e 14º da Convenção Europeia dos Direitos Humanos. Em Abril o director do Instituto Português do Sangue diz ao Diário de Notícias que os homossexuais estão excluídos da doação de sangue por serem promíscuos. No mesmo ano é revogada, graças às pressões exercidas pelas associações, que apresentaram queixa formal ao Provedor de Justiça, a classificação nacional das deficiências, de que constava a homossexualidade. O Provedor de Justiça declarara «constitucionalmente intoleráveis» as restrições constantes nas tabelas de inaptidões do serviço militar e da PSP. Até Setembro de 1999, os

17

homossexuais portugueses eram considerados "inaptos" para efeitos de prestação do serviço militar, conforme a Portaria n° 29/89, de 17 de Janeiro, do Ministério da Defesa Nacional, que definia a tabela de perfis psicofísicos e de inaptidões para uso nos centros de classificação e selecção de candidatos à prestação do serviço militar. No Capítulo VI da referida Portaria, sob o título Doenças Mentais, a «homossexualidade e outras perversões sexuais» estavam incluídas nas situações constantes dos Transtornos neuróticos, da personalidade e outros não psicóticos. A inaptidão (Capítulo 1, n° 2, alínea b) de lésbicas e gays para o serviço militar foi abolida pela Portaria n° 790/99, de 7 de Setembro.

2000: O Vermont é o primeiro estado americano a legalizar as uniões civis. Realiza-se a primeira Semana do Orgulho LGBT incluindo a primeira Marcha do Orgulho e a exposição *Olhares (d)a Homossexualidade* (Marcha do Orgulho terá lugar todos os anos até à data da redacção deste documento, atingindo os 3 mil participantes em 2009). Em Fevereiro de 2000, é a vez de a JS apresentar o seu novo projecto (Projecto de Lei n°105/VIII), desta feita sobre «economia comum», enquanto o PCP apresenta outro projecto de uniões de facto (Projecto de Lei 115/VIII) o qual, tal como o dos Verdes, altera a redacção do artigo 1° da Lei 135/99 e mantem a restrição à adopção. O Clube Safo passa a associação. Surge no Porto o grupo NÓS, Movimento Universitário pela Liberdade Sexual e em Torres Vedras o GOG, Grupo Oeste Gay. Começa a coordenação entre organizações feministas, o Grupo de Mulheres da ILGA e o Clube Safo na organização da Marcha Mundial de Mulheres. A Direcção Geral dos Serviços Prisionais (DGSP) cancela, a 30 de Agosto, um concurso público para admissão de guardas prisionais, publicado em Diário da República três dias antes, devido aos protestos de associações de defesa dos direitos LGBT, pois entre os impedimentos para se aceder à profissão de guarda prisional figuravam, na secção dedicada às Doenças nervosas e mentais/Psiquiatria, os termos «personalidades psicopáticas (…) nomeadamente anormais sexuais, em particular invertidos».

2001: A Associação ILGA Portugal lança uma campanha pela aprovação dos projectos de uniões de facto e não dos de economia comum, no que é apoiada pela maioria do movimento, excepto a Opus Gay, que alega não estar a sociedade preparada. O PS aceita que os 4 projectos sejam discutidos em comissão, sem votação prévia e em 15 de Março dois deles, consensuais entre a esquerda, regressam ao plenário: um relativo às uniões de facto e outro relativo à economia comum Ambos são aprovados (incluindo 4 votos de deputados da juventude do PSD) apesar da oposição da direita e de deputadas católicas do PS Tornaram-se nas leis 7/2001 e 6/2001. O Parlamento aprova, assim, uma lei das uniões de facto que inclui os casais do mesmo sexo, excluindo-os da adopção. É fundada a associação Não Te Prives. No mesmo ano realiza-se o primeiro Porto Pride, no Teatro Sá da Bandeira, onde tem prosseguido todos os anos. Nos Países Baixos o direito de acesso ao casamento civil é alargado aos casais do mesmo sexo pela primeira vez no mundo.

O período recente e a agenda do casamento

2002: A única ocasião em que a palavra "homossexual" aparecia na lei portuguesa, era precisamente no Código Penal, no seu artigo 175° que estabelecia o Crime de Homossexualidade com Menores. Do mesmo artigo decorria implicitamente a idade mínima de consentimento para relações homossexuais, fixada em 16 anos. O Artigo 174° do mesmo Código tinha uma moldura jurídica semelhante ao 175°, punindo o crime de Sexualidade com Menores com a mesma pena e multa que o 175°. A diferença residia no facto de o artigo 174° se aplicar a crimes de heterossexuais com menores, estabelecendo uma idade de consentimento mínima de 14 anos para as mesmas relações. Termina a revista Lilás. Neste ano rebenta o caso Casa Pia, que viria a revelar preocupantes confusões nos meios de comunicação social e no público entre pedofilia, abuso sexual e homossexualidade. Na Associação ILGA Portugal nasce o Projecto Descentrar que viria a resultar na criação da Rede ex–aequo. O Clube Safo co-organiza, com o ISPA, as primeiras Jornadas Lésbicas. A Suécia legalizaria a adopção por casais do mesmo sexo. Nos Países Baixos, o político assumido Pim Fortuyn é assassinado por Volkert van der Graaf.

2003: O novo Código do Trabalho proíbe a discriminação do trabalhador com base na orientação sexual O ónus da prova da discriminação passa a ser do empregador, i e , cabe ao empregador provar que não houve qualquer discriminação no caso de uma queixa fundamentada por parte de um trabalhador, resultando em claro benefício de quem se sente discriminado. Também o direito à reserva da intimidade da vida privada ficou claramente salvaguardado, nomeadamente no que se refere à reserva da vida familiar, afectiva e sexual, estado de saúde ou convicções políticas e religiosas. O conceito de assédio, entendido como discriminação na nova legislação, foi alargado, passando a entender-se por assédio todo o comportamento indesejado (de carácter sexual, sob forma verbal, não verbal ou física) com o objectivo ou o efeito de afectar a dignidade da pessoa ou criar um ambiente intimidativo, hostil, degradante, humilhante ou desestabilizador. O Supremo Tribunal de Justiça redige um acórdão em que defende a discriminação inerente ao art 175° do Código Penal, contrariando não só penalistas portugueses (com destaque para Teresa Beleza), mas também recomendações inequívocas da União Europeia. O Parlamento aprova uma nova Lei de Adopção (Lei 31/2003): o Bloco de Esquerda havia proposto a inclusão dos casais do mesmo sexo mas tal não foi aprovado. A Associação ILGA Portugal institui o Prémio Arco-Íris contra a homofobia. No mesmo ano tem lugar o Primeiro Fórum Social Português, contando com grande visibilidade de associações LGBT. Na sequência desta experiência, várias associações juntam-se informalmente na Rede Arco-Íris, uma plataforma de discussão e articulação dos grupos Viria, para todos os efeitos, a terminar cerca de dois anos depois, devido a diferenças de opções estratégicas na política do movimento. É fundada a Rede ex-aequo. No mesmo ano é legalizado o casamento civil entre pessoas do mesmo sexo na Bélgica.

2004: Surge um novo caso relacionado com transexualidade no Tribunal da Relação de Lisboa, relativo à mudança de nome depois de cirurgia. Desta vez o tribunal decide que, depois do processo cirúrgico, se pode mudar o nome. A orientação sexual é incluída no artigo 13 º da Constituição, em votação parlamentar de 22 de Abril. Luís Villas-Boas, presidente da Comissão de Acompanhamento da Lei da Adopção, fez declarações ao jornal Público em que tentava justificar a sua oposição à adopção por casais de pessoas do mesmo sexo Luís Villas-Boas, para além de defender que o carinho de mães e pais homossexuais era um carinho "falso", veio ainda dizer que ser lésbica não é ser mulher na plenitude natural do termo". Poucos meses depois Durão Barroso, enquanto presidente da Comissão Europeia, viu-se obrigado a afastar Rocco Buttiglione da Comissão por este ter tornado pública a sua homofobia. Tem lugar o primeiro Ciclo de Cinema LGBT da Rede ex–aequo. O estado de Massachusetts é o primeiro, nos EUA, a estabelecer a igualdade no acesso ao casamento civil. Em Maio de 2004 a Associação ILGA Portugal emite uma carta aberta à sociedade portuguesa intitulada «Livres e iguais? A pertinência do casamento civil entre homossexuais». A 18 Junho, Noel Mamère, maire de Bègles, França, casa dois homens, acto que viria a ser anulado pelo Estado. Surgem as Panteras Rosa – Frente de Combate à LesBiGayTransfobia.

2005: O Tribunal Constitucional (TC) reputa de inconstitucional o artigo 175º do Código Penal na sequência de caso judicial sobre actos homossexuais com adolescentes, em que o Supremo Tribunal de Justiça havia concluído que os actos homossexuais são «mais traumatizantes, por serem anormais e violarem a ordem natural», tendo então aplicado o artigo 175º. Também em 2005, vários Decretos-lei emendaram os instrumentos legais relativos à segurança social e à saúde de modo a reconhecerem o direitos aos casais do mesmo sexo em união de facto a beneficiarem da mesma cobertura que os heterossexuais. A directiva 2004/38/CE foi tranposta pela Lei 37/2006, em que, no que à liberdade de movimento diz respeito, a expressão "membro da família" aplica-se entre outros ao parceiro com quem um cidadão da UE viva em união de facto ou relação atestada pelo estado membro de residência. Viseu assiste a violentos ataques homófobos nesse ano, incluindo insultos, agressões físicas, torturas e ameaças de morte, embora seja registada apenas uma denúncia formal. A reacção a essa denúncia por parte das instituições políticas e judiciais foi insuficiente e hesitante. Publicação de "Perguntas e respostas sobre orientação sexual e identidade de género" e de "Educar para a diversidade: um guia para professores sobre orientação sexual e identidade de género", do Projecto Educação da rede ex–aequo. Primeiros Prémios Media da Rede ex–aequo. Fundado o GRIP, Grupo de Reflexão e Intervenção do Porto da Associação ILGA Portugal. Primeiro Congresso Internacional de Estudos Gay, Lésbicos e Queer "Culturas, Visibilidades, Identidades" (2005), promovido conjuntamente pela Associação Janela Indiscreta, o Instituto Franco-Português e o Centro de Estudos de Comunicação e Linguagens da Universidade Nova de Lisboa. Em Junho, as Cortes espanholas aprovam a igualdade no acesso ao casamento civil e em Julho o mesmo ocorre no Canadá ao nível federal. A ILGA Portugal lança uma petição pela igualdade no acesso ao casamento civil, que recolherá mais de 7.000 assinaturas (mais do que o mínimo legal de 4.000). O Manifesto da Marcha LGBT de 2005 enfatiza a reivindicação do casamento. Em Novembro e em conjunto com o CEAS/ISCTE, a Associação ILGA Portugal organiza o Fórum do Casamento entre pessoas do mesmo sexo23, juntando académicos de diferentes Ciências Sociais e do Direito, bem como políticos e activistas. Na África do Sul, o Tribunal Constitucional obriga o legislador a garantir a igualdade no acesso ao casamento civil. Parcerias Domésticas na Suiça ao nível federal; Parcerias Civis no Reino Unido.

2006: É instituída a igualdade de acesso ao casamento civil na África do Sul. Em 1 de Fevereiro de 2006 duas mulheres, Teresa Pires e Helena Paixão, dirigiram-se a uma Conservatória do Registo Civil para darem início aos procedimentos legais do seu casamento No mesmo dia o Bloco de Esquerda apresenta um Projecto de Lei para a alteração do Código Civil permitindo o casamento entre pessoas do mesmo sexo (um assunto que já fazia parte do programa daquele partido). A JS anuncia idêntica iniciativa em breve. No dia seguinte o Conservador recusaria a petição do casal e o seu advogado apresentaria recurso a um tribunal superior. Este também seria indeferido e com uma argumentação transparentemente homofóbica, pelo que as queixosas fariam seguir o caso para o Tribunal Constitucional. Duas semanas mais tarde, em 15 de fevereiro, a JS apresentou no Parlamento um anteprojecto sobre casamento. No dia seguinte a Associação ILGA Portugal entrega no Parlamento a sua Petição pela Igualdade no Acesso ao Casamento Civil com 7.133 assinaturas. Em março de 2006 os Verdes também apresentam um anteprojecto, perfazendo assim um total de 3 propostas. Dá-se o assassinato da transexual Gisberta Salce Júnior no Porto. O semanário Expresso publica como principal chamada de primeira página os resultados de um inquérito concluindo que «um milhão de portugueses são homossexuais». Ao lado desta notícia surge um inquérito sobre o assunto dirigido aos 5 principais candidatos presidenciais, demonstrando como a pergunta sobre a concordância em relação ao casamento homossexual se tornara já num mecanismo instituído de aferição de valores e posicionamentos. Quatro dos candidatos pronunciavam-se favoravelmente e só um – Cavaco Silva, que viria a ser o vencedor da disputa eleitoral – se pronunciava contra. É publicado o primeiro Relatório do Observatório da Educação da Rede ex–aequo. É aprovada a Lei da Procriação Medicamente Assistida, que impede o acesso à PMA por mulheres solteiras e lésbicas. No mesmo ano é feita a alteração à Lei da nacionalidade, aprovada na Lei Orgânica 2/2006, reconhecendo a aquisição da nacionalidade portuguesa no caso de uniões de facto. Um estrangeiro que tenha vivido em união de facto com um português por mais de 3 anos pode pedir a nacionalidade portuguesa nos tribunais (Lei da nacionalidade, regulada no Decreto-Lei 237-A/2006). A Lei não refere a natureza heterossexual ou homossexual da união de facto. **2007:** A revisão do Código Penal elimina o artigo 175º e inclui, no novo crime de violência doméstica, os casais do mesmo sexo, assim como, entre as circunstâncias agravantes dos crimes, o ódio baseado na orientação sexual. São elaborados pareceres para o Tribunal Constitucional no caso Teresa e Helena, mais tarde reunidos em Pamplona Corte Real et al (2008). Fundado o GRIT, Grupo de Reflexão e Intervenção sobre Transexualidade da ILGA Portugal. Segundo referendo da IVG. Ano Europeu da Igualdade de Oportunidades para Todos dá visibilidade oficial à discriminação por orientação sexual. A Directiva 2003/86/EC, sobre direito à reunificação familiar, foi transposta pela Lei 23/2007, depois regulada pelo Decreto 84-2007. No contexto de asilo, a Lei 15/98 aplica–se.

2008: A Secretária de Estado Idália Moniz garante que os casais do mesmo sexo estão excluídos das candidaturas a família de acolhimento, apesar de a lei admitir unidos de facto. Decorre, a 3 de Outubro, a audição parlamentar de apreciação da petição a favor do casamento das pessoas do mesmo sexo. A 10 de Outubro, é votada a petição, assim como os projectos de lei do BE e de Os Verdes sobre o mesmo assunto, com chumbo anunciado pelo voto contra do PS, PSD e PP. O PS votou contra e exigiu a disciplina de voto dos seus deputados, alegando não se tratar da oportunidade política certa e não querer "ir a reboque" do BE. No mesmo dia 10 de Outubro é aprovada a igualdade de acesso ao casamento civil no estado de Connectticut. Em Junho é aprovada a igualdade de acesso ao casamento civil na Califórnia. São lançados dois livros sobre casamento: Pamplona Corte Real et al , 2008 e Brito e Múrias, 2008. O Grupo Homossexual Católico Rumos Novos defendeu o casamento entre pessoas do mesmo sexo para acabar com a discriminação, assumindo uma posição contrária à Igreja Católica. A Assembleia Municipal de Lisboa aprova moção sobre o casamento entre pessoas do mesmo sexo. A moção, do Bloco de Esquerda, merece os votos favoráveis do PS, PCP, PEV e de quatro deputados do PSD Todos os deputados municipais do PS votam a favor da alteração da lei para permitir o casamento civil entre pessoas do mesmo sexo, contrastando com a conduta deste partido na Assembleia da República. Aprovada a igualdade de acesso ao casamento civil na Noruega. A Proposition 8 ganha num referendo na Califórnia e abole a igualdade de acesso ao casamento civil em Novembro. Surge a revista Com'out, a primeira revista generalista LGBT, comercial e de grande circulação em Portugal, publicaria 8 números. Conferência Políticas Integradas contra a Discriminação das Pessoas LGBT, organizada pela Associação ILGA Portugal, com o apoio da Embaixada dos Países Baixos, da CIG e das EEA Grants (European Economic Area). É aprovada a igualdade de acesso ao casamento civil na Suécia, e nos estados de Iowa, Vermont, New Hampshire e Maine. A 18 de Janeiro, na apresentação da sua moção para o congresso a ter lugar em Fevereiro, o secretário-geral do PS e primeiro-ministro, José Sócrates, afirma como prioridade «o combate a todas as formas de discriminação e a remoção, na próxima legislatura, das barreiras jurídicas à realização do casamento civil entre pessoas do mesmo sexo» No dia seguinte, todavia, o ministro dos Assuntos Parlamentares, Augusto Santos Silva, precisa que «A moção apresentada pelo secretário-geral do PS contempla a remoção das barreiras jurídicas à celebração de casamentos entre pessoas do mesmo sexo. Não propõe mais nada. Se o congresso aprovar a moção, a posição do PS continuará a ser contrária à adopção de crianças por parte de casais formados por pessoas do mesmo sexo». A 31 de Maio, é apresentado no cinema São Jorge, em Lisboa, o Movimento pela Igualdade, recolhendo 1 000 assinaturas de personalidades das mais variadas áreas da vida pública portuguesa.

2009: À data da redacção deste documento, encontrava-se por aprovar o Projecto de Lei n º 665/X/4 ª, Primeira Alteração à Lei das Uniões de Facto, cuja Exposição de Motivos explicita: «As soluções normativas que propomos procuram, desde logo, clarificar a obtenção, naturalmente facultativa, dos meios de prova da união de facto. Isto porque a prática demonstra a existência de dificuldades no acesso ao gozo dos direitos legalmente reconhecidos, por dúvida quanto à prova da união de facto. No que respeita à casa de morada de família, consagra-se também uma protecção acrescida ao membro sobrevivo da união de facto E reconhece-se-lhe, o direito ao uso do recheio da casa; um direito real de habitação alargado; o direito de arrendamento e reforça-se o limite temporal do direito de preferência na compra Prevê-se, ainda, a regulação das dívidas contraídas pelos membros da união de facto, estipulando um regime de prova da propriedade dos bens adquiridos na constância da união de facto. Confere-se, finalmente, ao membro sobrevivo da união de facto a possibilidade de beneficiar das prestações por morte independentemente da possibilidade de obtenção de alimentos através da herança do membro falecido, bem como um dever de apoio ao membro sobrevivo », bem como a Proposta de Lei 248/X, sobre violência doméstica, cuja Exposição de Motivos refere que «O fenómeno da violência doméstica (…) tem vindo, todavia, a extravasar a díade homem-mulher, indiferenciando o género da vítima e do autor do crime» O artigo 62 º, sobre Casas de Abrigo explicita que (…) «as casas de abrigo, quando tal for admitido no seu regulamento interno, podem acolher outras vítimas de violência de género, quer em resultado da prática do crime de tráfico de pessoas, quer por efeito de outras formas de discriminação em função da orientação sexual».

No final da primeira década do século XXI, o mundo apresenta ainda um vasto conjunto de estados com leis homofóbicas e prossecutórias, incluindo a pena de morte, elencadas em documento da ILGA World. No extremo oposto, cresce o número de estados com legislação relativa a uniões de facto, civis, ou parcerias registadas e, sobretudo, relativa à igualdade de acesso ao casamento civil Ver Mapa dos Direitos de Lésbicas e Gays no Mundo.

Adenda

Tendo o presente relatório sido redigido em 2009, a sua publicação ocorre em meados de 2010. Nesse intervalo de tempo ocorreram transformações significativas:

A aprovação, em Janeiro de 2010, na Assembleia da República, do Projecto-Lei do Partido Socialista que veio consagrar a igualdade de acesso ao casamento civil para casais de pessoas do mesmo sexo (embora separando a conjugalidade da parentalidade e mantendo, assim, a diferenciação entre casais hetero e homossexuais no que diz respeito ao acesso à adopção). Enviado pelo Presidente da República para verificação pelo Tribunal Constitucional, este órgão pronunciar-se-ia, por 11 votos contra 2, contra a invocação de inconstitucionalidade do diploma. O mesmo aguarda agora a decisão final do Presidente da República – promulgação ou veto – e, após esta, da Assembleia da República.

O organigrama do Governo empossado no seguimento das eleições de Setembro de 2009 (que também deram azo à eleição do primeiro deputado assumidamente gay no Parlamento português) passou a contar com uma Secretária de Estado da Igualdade com competências específicas, entre outras, para o combate à discriminação com base na orientação sexual e identidade de género.

Além do compromisso relativo à igualdade de acesso ao casamento civil, o programa do governo prevê também o combate à discriminação com base na identidade de género, sendo provável a apresentação de uma Lei da Identidade de Género.

Os debates públicos e mediáticos em torno do casamento vieram dar um relevo social central à agenda do movimento LGBT; as questões de orientação sexual tornaram-se mesmo numa linha de clivagem entre visões conservadoras e progressistas da sociedade, contribuindo para uma definição mais clara de campos opostos, até então incomum e Portugal, com a excepção do debate em torno da IVG, o que indicia transformações sociológicas importantes.

O movimento LGBT tem demonstrado um considerável crescimento, sobretudo ao nível da capacidade de penetração na media, de mobilização de voluntariado e participação associativa, reconhecimento público e privado do seu papel, e oferta de serviços.

O mesmo tem vindo a recompor-se segundo linhas estratégicas e, por vezes, ideológicas e teóricas, sendo notória a distinção entre um segmento, mais influente, que procura mudanças legislativas, criação de comunidade e intervenção pedagógica, e outro que aposta mais no questionamento crítico dos mecanismos institucionais políticos e do conhecimento. A esta transformação não são alheios nem alinhamentos políticos, nem caracterizações sociológicas dos aderentes, nem inclinações teóricas Estas distinções podem ser entendidas como sinais de maturidade do movimento, que assim manifesta a sua diversidade e contradições internas.

Associações mais pequenas e locais tendem a desaparecer, ao mesmo tempo que novas associações surgem, dando conta de agendas também novas no que à sua percepção pública diz respeito O destaque vai para a AMPLOS, primeira associação de mães e pais pela liberdade de orientação sexual dos filhos e das filhas.

Ao nível da "comunidade" tem sido notório o crescimento da oferta de serviços, com a consolidação de zonas da cidade de Lisboa como gay friendly, a abertura de locais de lazer e de eventos, e sobretudo a prestação de serviços através de sites de informação.

Um avanço muito significativo tem sido a inclusão crescente da consciência da temática LGBT no inverso político, mediático, educacional e comercial, com sinais claros do começo de uma forma de censura social face à homofobia.

Todavia, permanecem, em 2010, como falhas notórias os seguintes aspectos, entre outros:

1) Tal como aprovada, a lei que institui a igualdade de acesso ao casamento civil, não inclui a adopção por casais do mesmo sexo. Urge resolver esta questão, no âmbito da questão mais alargada das .questões de parentalidade

2) Embora já pré-anunciada, a Lei de Identidade de Género necessita de ser proposta, aprovada e implementada.

3) A Lei de Procriação Medicamente Assistida necessita de revisão, no sentido de contemplar mulheres sozinhas e lésbicas.

4) Os princípios do mainstreaming de igualdade necessitam ser formulados e legislados, de modo a que toda a legislação e regulamentação, serviços públicos e da administração pública, forças de segurança, serviços de saúde, segurança social, sistema educativo, etc , incluam a orientação sexual e a identidade de género como parâmetros de não-discriminação, de efectivação da igualdade de oportunidades, e de acção pedagógica positiva.

5) O universo do conhecimento (universidades, investigação científica, etc.) carece ainda de um desenvolvimento sustentado de ensino e investigação na área dos estudos de género, LGBT e Queer, condição necessária para o entendimento da realidade e para a sustentação de acções políticas e sociais transformadoras.

Miguel Vale de Almeida
2010

Excerto da seguinte publicação, editada pela Comissão para a Cidadania e a Igualdade de Género: Almeida, Miguel Vale de – "Capítulo 2: O contexto LGBT em Portugal". In Nogueira, Conceição; Oliveira, João Manuel (org.) – *Estudo sobre a discriminação em função da orientação sexual e da identidade de género*. Lisboa: CIG, 2010. ISBN 978-972-597-326-4. p. 71-92.

DISCURSOS E MANIFESTOS

Aviso por causa da moral
Álvaro de Campos, 1923

Em fevereiro de 1923, a Liga de Acção dos Estudantes de Lisboa, liderada por Pedro Teotónio Pereira e da qual também fazia parte Marcelo Caetano, lança uma campanha contra a literatura considerada imoral: «Sodoma ressurge nos livros e nos escritôres, nos espiritos e nos corpos. Atingiu-se a ultima abominação, aquela que nas tradições biblicas fazia chover o fogo do ceu. Urge a reação pronta e implacavel. Á frente dela se levanta a nossa mocidade forte e resoluta. Nas nossas mãos brandimos o ferro em brasa que cicatriza as chagas. A quem manda nós apontamos hoje a necessidade imperiósa de fazer justiça. É preciso que os livreiros honrados expulsem das suas casas os livros tôrpes. É necessario que os adeptos da infamia caiam sob a alçada da lei, que um movimento energico de repressão castigue em nome do bem publico. Que a justiça venha e implacavel!» (Liga de Acção dos Estudantes de Lisboa, Dos estudantes das Escolas Superiores de Lisboa. Aos poderes constituídos e a todos os homens honrados de Portugal). Entre as obras apreendidas e queimadas – «aquela papelada imunda, que empestava a cidade», nas palavras de Marcelo Caetano, em 1926 – encontravam-se os livros de Judith Teixeira (Decadência), e os de António Botto (Canções) e Raul Leal (Sodoma Divinizada), estes últimos publicados pela Editora Olisipo, de Fernando Pessoa. Na sequência da campanha moralizadora, Botto será obrigado a exilar-se para o Brasil e Judith Teixeira desaparecerá da esfera pública para sempre. No início de março de 1923 (ou finais de fevereiro), Fernando Pessoa publica o primeiro manifesto contra a campanha, assinado por Álvaro de Campos. O repúdio moralizador e a repressão prolongar-se-ão para o Estado Novo, no qual Pedro Teotónio Pereira e Marcelo Caetano serão figuras proeminentes.[7]

Aviso por causa da moral

Quando o público soube que os estudantes de Lisboa, nos intervalos de dizer obscenidades às senhoras que passam, estavam empenhados em moralizar toda a gente, teve uma exclamação de impaciência. Sim – exatamente a exclamação que acaba de escapar ao leitor…

Ser novo é não ser velho. Ser velho é ter opiniões. Ser novo é não querer saber de opiniões para nada. Ser novo é deixar os outros ir em paz para o Diabo com as opiniões que têm, boas ou más – boas ou más, que a gente nunca sabe com quais é que vai para o Diabo.

Os moços da vida das escolas intrometem-se com os escritores que não passam pela mesma razão que se intrometem com as senhoras que passam. Se não sabem a razão antes de eu lha dizer, também a não saberiam depois. Se a pudessem saber, não se intrometeriam nem com as senhoras nem com os escritores.

---

[7] José Barreto. *Fernando Pessoa e Raul Leal contra a campanha moralizadora dos estudantes em 1923.*

29

Bolas para a gente ter que aturar isto! Ó meninos: estudem, divirtam-se e calem-se. Estudem ciências, se estudam ciências; estudem artes, se estudam artes; estudem letras, se estudam letras. Divirtam-se com mulheres, se gostam de mulheres; divirtam-se de outra maneira, se preferem outra. Tudo está certo, porque não passa do corpo de quem se diverte.

Mas quanto ao resto, calem-se. Calem-se o mais silenciosamente possivel.

Porque só ha duas maneiras de ter razão. Uma é calar-se, e é a que convem aos novos. A outra é contradizer-se, mas só alguém de mais idade a pode cometer.

Tudo mais é uma grande maçada para quem está presente por acaso. E a sociedade em que nascemos é o lugar onde mais por acaso estamos presentes.

O fim do coito
Natália Correia, 1982

A 3 de abril de 1982, aquando do debate parlamentar sobre a interrupção voluntária da gravidez, João Morgado, deputado do CDS, afirmou que «O ato sexual é para ter filhos». No dia seguinte, a resposta de Natália Correia, então deputada do PS, obrigou à interrupção dos trabalhos parlamentares, pela gargalhada geral que provocou. A resposta-poema foi depois publicada no Diário de Lisboa, a 5 de abril. A despenalização da interrupção voluntária da gravidez só seria conquistada em 2007, com a vitória do "sim" à questão referendada: «Concorda com a despenalização da interrupção voluntária da gravidez, se realizada, por opção da mulher, nas primeiras dez semanas, em estabelecimento de saúde legalmente autorizado?» Nessa luta – e noutras relacionadas com direitos sexuais e reprodutivos e igualdade de género – foi fundamental a convergência, ao longo dos anos, de alianças de movimentos diversos, nomeadamente de saúde sexual, feministas e LGBT.

O fim do coito

Já que o coito – diz Morgado –
tem como fim cristalino,
preciso e imaculado
fazer menina ou menino;
de cada vez que o varão
sexual petisco manduca,
temos na procriação
prova de que houve truca-truca.

Sendo pai só de um rebento,
lógica é a conclusão
de que o viril instrumento
só usou – parca ração! –
uma vez. E se a função
faz o órgão – diz o ditado –
consumada essa excepção,
ficou capado o Morgado.

Liberdade para as minorias sexuais
MHAR, 1974

Logo após o 25 de abril, a 13 de maio de 1974, o MAHR – Movimento de Ação dos Homossexuais Revolucionários – de que foi membro fundador António Serzedelo e José António Fernandes Dias – publica, de forma anónima, o *Manifesto Liberdade para as Minorias Sexuais*, no Diário de Lisboa (integralmente) e no Diário de Notícias (parcialmente). Além do *Manifesto*, o MAHR realiza manifestações, pouco participadas, em Lisboa e no Porto, e extingue-se pouco depois. O *Manifesto* provoca a resposta imediata de Galvão de Melo, da Junta de Salvação Nacional. Na televisão, o General condena a «ignóbil transcrição em jornais do comunicado das prostitutas e dos homossexuais.» Esta reação leva a que, a 1 de junho, no Diário de Lisboa, a jornalista Helena Vaz da Silva, questione a reação do General: «Porquê? Porque são realidades sociais e criaturas humanas a banir da face da terra, são excrescências, ou apenas porque convém mantê-las escondidas para certos usos?»[8]

Liberdade para as minorias sexuais

Na festa do 1º de Maio, no Porto, apareceu o primeiro cartaz a reivindicar «Liberdade para os homossexuais». Isto significa que os movimentos de libertação homossexual se encontravam reprimidos pelo meio século de fascismo, e se identificavam com a libertação sócio-política do Movimento das Forças Armadas.

A situação de guerra que o País atravessou e atravessa provocou um progressivo acréscimo na homossexualidade (masculina e feminina): nas Forças Armadas, nas camadas proletárias, desempregados, nas comunidades sujeitas a forte repressão sexual (colégios, liceus, seminários, cadeias, etc.), desenvolveu-se a prática homossexual tornando o facto estatística e socialmente irreversível.

Se a decadência burguesa origina a decomposição da moral sexual, a oposição de classes impõe o homossexual como uma força antagónica à ordem estabelecida (social e sexual).

Paralelamente, ao movimento político anti-repressivo vive o movimento sexual anti-repressivo.

A homossexual dissocia-se da instituição família (que Marx considerava a base institucional do capitalismo) e liberta na sua prática o desejo sexual reprimido.

Nos regimes fascistas os homossexuais são vítimas de chantagem, de perseguições sociais, obrigados a esconderem-se e a isolarem-se da convivência comunitária.

---

[8] Ana Maria Brandão. *Breve contributo para uma história da luta pelos direitos de gays e lésbicas na sociedade portuguesa*. p.16.

O problema da homossexualidade é muito mais grave do que aparenta aqueles que estão integrados na moral sexual burguesa. A homossexualidade é a força mais destrutiva dessa moral.

Vítimas da mais autoritária repressão jurídica e social, os homossexuais portugueses têm tudo a reivindicar, desde a integridade de cidadãos, à possibilidade de se incluírem em qualquer movimento político revolucionário.

Pedimos às Autoridades e ao Povo Português:

1) Abolição imediata do art.º 71, nº 4 do Código Penal, que reputa, ambiguamente, de passíveis de medidas de segurança às práticas homossexuais

2) Possibilidade jurídica de contestar os actos de chantagem, extorsão e perseguição de que os homossexuais são alvo.

3) Livre prática homossexual, desde que esta não seja provocada por acto de violência física.

4) Livre reunião de núcleos homossexuais.

5) Exigência de uma participação nos órgãos informativos, com fins de esclarecimento sobre liberdade homossexual masculina e feminina.

6) Imposição de uma educação sexual que não discrimine as práticas homossexuais , em todas as escolas.

7) Livre compreensão da problemática inerente à homossexualidade que não separamos, de modo nenhum, da problemática sexual geral.

O M.A.R.H. compõe-se de mais de 1000 militantes, no Porto e em Lisboa. Sabemos da saída, em destacadas editoras, de uma série de livros fundamentais para a compreensão e reivindicações da homossexualidade. Para breve, três obras-primas da sexologia:

– «Saint-Genet» – obra suprema de Jean-Paul Sartre de crítica literária e político-sexual de uma das figuras mais proeminentes da revolução sexual: Jean Genet.

– «Désir homossexual» – de Guy Hocquenghem, esquizo-análise da homossexualidade, nas suas implicações político-filosóficas.

– «Raport contre la normalité» – a mais importante antologia de textos reivindicativos de adolescentes operários e intelectuais revolucionários.

Dado que este é o 1º manifesto do M.A.R.H. preferimos o anonimato, até um reconhecimento mínimo da nossa integridade física e social.

Viva a Homossexualidade. Viva a Revolução.

Manifesto
CHOR, 1980

O CHOR, Colectivo de Homossexuais Revolucionários, foi fundado em agosto de 1980 como um dos grupos do Centro de Dinamização Juvenil Culturona. Impulsionado por João Grosso, Fernando Cascais e José Calisto, promoveu um encontro público em novembro de 1980, com a participação de cerca de 300 pessoas, na 2ª feira da Arte do Desenrasca, na Culturona, e participou no desfile do 1º de maio em Lisboa, tendo deixado de ter presença em 1981.

Manifesto

HOMOSSEXUAL – bicha, lésbica, maricas, rabeta, larila, paneleiro, tia, louca, fressureira, panasca, machona...

Acordamos. Vemos a mancha no lençol e tentamos lembrar-nos dos sonhos. Ficamos na angústia. Saímos para a rua, meio ensonados, e aí a fuga da noite acabou: ensinam-nos a toque de martelo a ser "educados"; o casamento-família-antro de criação de mão-de-obra servil para perpetuar a organização social podre; a ser mulher, objecto de prazer, ventre de parir filhos, criada de limpa a casa; a esquecer a palavra amor; a sermos todos muito felizes porque foi assim que "Deus nosso senhor nos criou".

Abrimos os olhos. Começámos a olhar para nós e para o que nos rodeava. Sentimos realidades insuportáveis e decidimos assumir-nos como sujeitos vivos. Fizemos do desejo força; começámos a discutir: Afinal não é crime ser-se homossexual. Temos direito ao nosso corpo, ao prazer, à ternura.

Assumimos o nosso ser homens e mulheres. Não reivindicamos transformar-nos em fêmeas, no que respeita aos homens, nem em machos, no que respeita às mulheres, mas reivindicamos, sim, o amor entre pessoas do mesmo sexo porque pensamos que a homossexualidade está presente, latente ou confessada, onde estiverem homens a viver com homens ou mulheres com mulheres.

Recusamo-nos a continuar escondidos, e fazemos o convite a todos os homossexuais a fazê-lo também, a não procurar o prazer-pânico-insatisfação nos urinóis, centros comerciais, estações de comboios, saunas, jardins públicos, bares de bichas e por aí fora.

Por isto e por muito mais formámos o Colectivo de Homossexuais Revolucionários; um movimento de discussão, de alternativa à moral burguesa instituída que nos leva de rastos no medo, no gueto, no ciúme, na frustração, etc.

Somos diferentes. Negamos a propriedade privada. Queremos ser senhores mas do nosso corpo, de uma sexualidade livre, sem nojo, com prazer.

Somos revolucionários porque pomos a luta pela liberdade homossexual ao lado da luta pela liberdade sexual geral, da libertação do homem e do seu comportamento, pois estamos conscientes de que uma revolução política económica não atingirá os seus objectivos fundamentais sem uma revolução dos comportamentos humanos: a revolução cultural.

E camaradas, militantes de esquerda, que sois o estrato social mais consciente politicamente, que lutais contra a organização social do trabalho, pela revolução social: Qual foi até hoje e qual será de futuro a vossa posição sobre a liberdade homossexual?

Convidamos todos os homossexuais homens e mulheres, que de alguma maneira se identifiquem com este manifesto, a discutir connosco a sua e a geral problemática sexual e a tornar real o movimento homossexual.

Chega de medo e de vergonha. Estamos vivos, sim, e cada vez estaremos mais.

Vem à reunião do CHOR, sábado, 25 de outubro, às 21 horas, na: Culturona/Fábrica de Comunicação, Av. D. Carlos I, n.º 130 (a São Bento), 1200 Lisboa.

Como quem não quer a coisa
CHOR, 1982

Em maio de 1982, na sequência da publicação do dossiê *Ser (homo)sexual*, da revista *Raiz e Utopia*, dirigida por Helena Vaz da Silva, é organizado um ciclo de encontros com o mesmo nome, pelo Centro Nacional de Cultura e Rádio Comercial. O ciclo *Ser (homo)sexual* realizou-se ao longo do mês (a 1, 8, 15 e 22 de maio), organizado por Helena Vaz da Silva e José Calisto e contou com a participação de Natália Correia, Guilherme de Melo, Guilherme de Oliveira Martins, José Calisto e Bernardo Sá Nogueira, entre outros. Os Encontros integravam também debates e exposições, bem como a recolha de testemunhos de participantes. Foi durante as sessões dos encontros que o CHOR – Coletivo de Homossexuais Revolucionários – pela mão de Fernando Cascais e João Grosso, distribuiu um comunicado policopiado, com o título *Como quem não quer a coisa*, que viria posteriormente a ser publicado na revista *Fenda*, em janeiro de 1983, com assinatura de António Fernando Cascais.

Como quem não quer a coisa[9]

Não se concebendo como partidos políticos, os movimentos homossexuais são políticos; não se esgotando como grupos de «intervenção cultural», os movimentos homossexuais são culturais. Assentes numa disposição desejante que lhes é específica, o discurso que assumem é antes de mais um discurso do desejo, ele sim atravessado pela(s) política(s) mas que a estas restitui uma corporeidade em que o discurso e o homem seu suporte se comprometem indivisos na atitude para com o mundo.

Atitude total e polimorfa: «que em sexo tudo comunica», como dirá Guy Hocquenghem. E inaceitável, ao olhar militante do funcionário do partido – avessos a estruturações hierárquicas, passando ao lado das confrontações partidárias, surgindo e desaparecendo ao sabor de necessidades táticas de momento, estratégias últimas nem sempre claramente definidas e surpreendentemente condicionais – os movimentos homossexuais falhariam o nódulo que tudo gera e tudo absorve: o Poder, mas o «Poder» encarado pelas organizações políticas tradicionais à maneira de uma emanação mais ou menos transparente do aparelho do Estado, um Poder jurídico-discursivamente concebido, objecto cobiçado que tantos ismos políticos se afadigam em «tomar». Os movimentos homossexuais não só encaram desse modo a relação de dominância, se a há, como se dispõem nela – perante ela de um outro modo, porém. Um Poder assim assimilado ao centro da problemática social mais não é que o lugar onde o político se simula político – socorremo-nos de Braudrillard –, por saber o fundamento que de facto o introduz como político: teatralidade que encena a luta de partidos e a pretende por si mesmo preservar intacta a uma crítica radical. E virtuosismo

---

[9] Revista Fenda, nº 7. *Fenda (In)Finda*, Coimbra. Janeiro de 1983, pp. 9-17.

programador de uma «opinião pública», cabalidade maior do mundo burguês, a estafa que se dá à palavra democracia à força de por ela se legitimar e promover tudo quanto é atavismo de massas, cristianíssimo povo que continua a chegar tições ao rosto dos supliciados na fogueira.

Estejam dois homens um face ao outro e aí haverá relação de (algum) Poder. E não fatalmente Estado, no sentido de uma norma por um enunciada e imposta, e pelo outro acatada ou resistida, mas certamente relação de forças e jogo de interesses a contextuar o código em que um para o outro são. Não haverá então centro (de problemática social) e exterior dele:

«A tradição revolucionária mantém como evidente a divisão do público e do privado. A intervenção homossexual possui essa característica própria de fazer intervir o privado, o segredinho vergonhoso da sexualidade, no público, na organização social (...) Um investimento libidinal reacionário pode muito bem coexistir com um investimento político consciente progressista ou revolucionário, à sombra da muralha que separa a vida privada da vida política (...)Por isso, não é o reconhecimento duma nova força política ao lado das outras o que pretendem os movimentos homossexuais; a sua própria existência é contraditória com o sistema de pensamento político porque releva de uma outra problemática. A burguesia engendra a revolução proletária, mas define por si o conjunto do enquadramento a civilização, continuidade histórica onde toda a força social é parte integrante. Neste sentido, Freud tem razão ao falar de mal-estar na civilização, poderíamos dizer mal-estar da civilização (...) Não se tratar mesmo de saber se, à luta de classes, se poderia substituir uma luta de civilização que traria a vantagem de juntar à luta politica e económica uma luta cultural e sexual. Este suplemento põe em causa o próprio conceito de civilização e será necessário regressar com Fourier à ideia de uma luta contra a civilização como sucessão edipiana de gerações (...) O movimento homossexual é selvagem no sentido em que não é o significante dessa qualquer coisa que seria uma nova «organização social», uma nova etapa da humanidade civilizada; mas a brecha no que Fourier chama «sistema de falsidade dos amores civilizados»: a indicação de que a civilização é a armadilha em que cai o desejo».[10]

Trata-se de escapar ao grande Equivoco: em nome de uma liberdade e de um sonho que lhes explora a cumplicidade, quantos homens e mulheres homossexuais deste país desviam a sua capacidade de entrega e intervenção para compromissos que mais não fazem que remeter a um limbo de silêncio o vivido do seu desejo? Na instituição de Estado como no partido revolucionário, a mesma sufocante socialização. Sentimento de que o fundamental não se encontra aí. E partir, para apenas prosseguir a própria autonomia.

Dir-nos-iam que um movimento de homossexuais deve assumir-se no estrito terreno da reivindicação de «liberdades democráticas» – para Bernard

---

[10] Guy Hocquenghem, *Homossexualidade, Opressão e Liberdade sexual*, trad. port. de Le Désir Homosexuel, Pub. Escorpião, Porto, 1977, pp. 105-106

Muldworf, teórico do PC francês colocado à frente de uma comissão para o estudo da «questão homossexual», os homossexuais limitar-se-iam a procurar «a felicidade«; não coincidindo com numa organização de classe, (porquanto os homossexuais não são uma classe), o seu movimento deveria submeter-se aos órgãos representativos de classe (partido, sindicato), só assim adquirindo a «necessária» referência a uma luta mais global – essa sim realizadora de um pleno carácter de classe – e que só dessa forma seria susceptível de dizer respeito a toda a sociedade. A luta dos homossexuais ver-se-ia deste modo «cooptada», por assim dizer, para a Grande Luta, algo como: Trabalhadores por um Governo Democrático ao serviço do Povo, Mulheres por um Governo Democrático ao serviço do Povo, e agora Homossexuais por um Governo Democrático ao serviço do Povo. Ou, como afirmam organizações de extrema esquerda: só o Socialismo trará a plena libertação aos homossexuais, entretanto devem acompanhar as lutas do povo trabalhador. Dizem-nos a nossa «verdade» política como os psiquiatras nos diriam a nossa «verdade» clínica ou os padres a nossa «verdade» ética. Depositários, eles, da revolução, como estes de uma terapêutica ou da via para o estado de graça. E especialistas dela, hegelianamente Sujeitos de um saber verdadeiro que por estatuto os deixaria para sempre livres dos preconceitos (pois não são simples «preconceitos»?) da ideologia dominante, com garante no carácter revolucionário da sua situação (em todo o caso) institucional de militantes de partido ou de sindicato. O anátema que prontamente nos dirigiram é bem conhecido: pequeno-burgueses, voilà tout. Quantos milhares de engates e de arrasos, a que o homossexual individualmente se aventura e individualmente sofre, até ao aparecimento do primeiro movimento organizado? Ou será que por detrás deste mais não se encontram que a tia burguesa, decadente, corrupta e ávida de carne fresca e o chulo debochado que apenas pretenderiam a livre mercancia do cuzinho?

Trata-se de nos libertarmos, porém, da secura destes ares que o profissionalismo político justamente se ocupa em rarefazer. Não tanto por uma capacidade que Sartre diria de traição, mas inventiva obstinadamente fugidia a classificações. Neste sentido, um movimento homossexual pouco terá a ver com escatologias de felicidade e de liberdade. Tão constantemente se têm as diferentes ditaduras reclamado delas que quase se diria que a obsessão verbal pela liberdade se constitui em ponto cardeal da negação dos direitos reais do indivíduo. Não falemos já sequer do Irão de Khomeiny, onde «se corta o mal pela raiz» à força de execuções sumárias, ou de Cuba em que o sonho da construção do «homem novo», erigida em programa de governo, parece passar necessariamente pelo encerramento de homossexuais em campos de trabalho e inclusive pela sua eliminação física.

Em alternativa ao centramento total/totalitário que define imperialmente a ordem do mundo, pela voz dos instalados ou pela dos que mais não procuram que desalojá-los para lhes ocuparem o lugar, há que valorizar a *atitude*: surpreendente redescoberta do político onde nunca se lhe preservou espaço. Não queremos administrar um modo de vida, queremos vivê-lo na entrega. Importa Eros, a tendência; que possuímos e por que somos possuídos; e não o sujeito centrado sobre o mundo como sobre si mesmo: identificação edipiana da sexualidade familiar, objectivação social do desejo que prescreve todo o comportamento individual, enganosa identidade proporcionada pela cidadania política, eis o que recusam os movimentos homossexuais, em que a resistência à tentacular magia cívica de que falava Artaud, hoje completamente a descoberto nos costumes. Contra a sacralização da «Causa» e o sacrifício ao Centro que possibilita a reprodução de todas as relações sociais repressivas, trata-se de prosseguir o movimento em torno, margem anelar que recusa a instalação e que constantemente labora no sentido de minar e dissolver o tecido prisional estabelecido. Rumo a um Oriente sábio no labor do prazer, o êxodo deste Ocidente inóspito sob tanta ciência do sexo e metafísica renúncia: talvez a maior das contradições dos nossos tempos. Um sexo não humano (porque não previamente prescrito pela cidade à face da qual se estabelece a humanidade dos homens), que experimenta uma imensa doçura e uma terrível angústia. Integração do abismo que é o mundo, o facto de sermos nele, no círculo da humanidade – o que se confunde com o milenar saber intuitivo dos oprimidos, feminina manha, astuciosa prevenção do colonizado e do escravo, resoluta e grave denúncia da sabedoria das nações: «... porque o discurso *deles* não nasceu dos estremecimentos do corpo, nem de nenhum acto de sangue».[11]

Por um discurso das homossexualidades

Num certo sentido, a «homossexualidade» não existe. E serão os próprios «homossexuais» quem primeiro desejará que não exista: os comportamentos sexuais que a tradição cristã abatia à prática da sodomia pretende hoje subsumi-los a figura clínica da homossexuaiidade. Anterior aos discursos que sobre ele se debruçam, o desejo de modo nenhum se esgota neles. O homossexual não é nem quer ser aquilo que as palavras do outro dizem que ele é. Ou a despossessão e a destruição que isso significaria. O que temos visto e ouvido sobre a «homossexualidade» é o que querem que ela seja, o modo como representam o desejo homossexual outros que não, e contra, os homossexuais, e não estes e as palavras suas, por mais ou menos atravessadas pelos discursos alheios que possam estar.

Para os próprios movimentos homossexuais passou a época de procurar a sua «Dialéctica da Natureza», um pouco à maneira como porém ainda o faz Mario Meili nos seus «Elementi di critica omossessuale» – um discurso legitimador de matriz biologista ou estatística: na natureza as relações entre indivíduos do mesmo sexo são correntes, ou: parece que somos 15% da humanidade, ou: a homossexualidade deve ser reconhecida como um comportamento válido porque só desse modo é possível contemplar a totalidade do leque de possíveis biológicos, ponto necessário à evolução das sociedades.

A escolha objectal, no caso a escolha de um objecto do mesmo sexo, não é uma escolha puramente biológica, nem por si mesma uma atitude ética

---

[11] Al Berto (1977), *À procura do vento num jardim de Agosto*. Lisboa: A. Pidwell Tavares, Editor

ou política. É um movimento do desejo. E aí radicam as palavras que o exprimem, que exprimem o seu vivido, – um discurso do(s) sexo(s), do desejo e dos desejos, da(s) homossexualidade(s), embora possa ser, e sem dúvida que o é, atravessado pelas políticas, pelas cargas valorativas e pelas informações teóricas das mais diversas proveniências. Não se esgota porém nelas e oferece-lhes uma autonomia e uma especificidade, e sobretudo uma disposição e uma atitude perante o mundo, que nos permitem isolar e identificar as suas pulsações: «O que se passa hoje entre certos homossexuais nunca teve, tanto quanto sei, equivalente histórico; é uma experiência totalmente nova. O que me surpreende é que existem agora lugares onde se fazem recuar todas as barreiras, onde se impõem regras que permitem ao desejo entrar numa espécie de incandescência em regiões nunca exploradas... O que me fascina na perversão é esta capacidade de se dar regras para além de qualquer lei».[12]

As ramificações do Desejo, de que se fizeram a homossexualidade clínica e a sodomia imagem-de-pecado tão pouco são programas políticos. A libertação da homossexualidade no socialismo e o carácter quase intrinsecamente revolucionário que certa militância política papa-açorda lhe pretende impôr (faz-nos lembrar o carácter«intrinsecamente mau» que o discurso oficial da Igreja confere às práticas homossexuais), mais não faz que reintroduzir o vivido do desejo («homossexual») na dança macabra da sua discursificação – «Por isso nos movimentos homossexuais não é tanto o problema do objecto sexual particular que se põe, mas o modo de funcionamento de uma sexualidade. Não é ao nível do objecto e da sua escolha que se manifesta a não exclusividade do desejo, mas ao nível do próprio sistema de funcionamento».[13]

Trata-se de escapar, de contornar, de erosionar o modo de representação do desejo. A imagem de ridículo indica bem a considerável desdramatização com que se destroem as suas atitudes; neste sentido, a paneleira, como o profeta, mais não são que peões de brega da tropa fandanga produzida pelas relações sociais burguesas: bobos da cortecristã a desempenhar tragédias gregas. «Isto» que ainda diremos «homossexualidade(s)» será então veículo de uma nova disposição(«ousar ir além do seu desejo») que diz respeito a tudo e a todos porque é tudo e todos: modo de funcionamento da sexualidade, numa perspetiva em que, como dirá Michel Foucault, nos cabe analisar o seu dispositivo a partir das técnicas de poder que lhe são contemporâneas. Um olhar sobre o mundo e modo de estar nele, de produzir as condições de vida, dispositivo constituinte das relações sociais, este que hoje nos molda e *outro* que alternativamente vamos sendo e que se insinua nos combates ditos minoritários (e aí o alcance de organizações homossexuais), nos testemunhos daquilo que é a possibilidade de um relacionamento interpessoal novo ((e cuja fragilidade constitui a sua força – comunidades de base ou muito simplesmente dois homens ou duas mulheres que procuram a sua realização

---

[12] Pascal Bruckner, in *Masques Revue dês Homosxualités*, Outono 81, n°11, entrevista realizada por Alain Sanzio (p.14)
[13] Guy Hocquenghem, op. Cit., p.10

fora dos modelos falocêntricos, competitivos, consumistas, familiares, espaços vivenciais e não só do que comumente se tem apontado como «a» «cultura», que irrompem nos interstícios da cidade ou dos guetos onde pretendem confinar-nos); no terrível fascínio de certas formas de arte; a literatura portuguesa, por exemplo, começa a abrir-se em espaços de respiração em que justamente a tematização do desejo homossexual abre caminhos de uma outra vida longe do ermo da Cidade.

Porque: «A sexualidade já não tem finalidades metafísicas ou religiosas, já não tem o sentido nem da transgressão nem do cumprimento nem da higiene nem da subversão. O amor, doravante irreconhecível, aparece sem referência: talvez que a desordem resida no facto de ele já não poder constituir um destino pessoal mas o destino de cada um em todos. Diga-se que esta renúncia envolve um compromisso forçosamente modesto, que assume o risco da futilidade, abandona a ambição de tudo dizer, parte de múltiplas diferenças que são também incertezas, não acumula sabedorias mas perplexidades. Um tal discurso, implicando, enfim, tanto estilo como vivências amorosas, é já ele próprio estabilidade em acto, o pressentimento do não poder e o seu secreto júbilo. Um outro lugar aparece-nos hoje, um espaço impreciso libertado por uma asserção escandalosa: existirá apenas a hegemonia que se queira; desinvestir o poder, o narcisismo do próprio, é a única oportunidade que é dada no campo do amor, como em todos os outros, de viver intensamente».[14]

Revertem as palavras ao matricial silêncio que as funda: a experiência dos limites (da linguagem, do desejo) re-dispõe em retorno posturas, olhares, pulsações, chão originário do homem que as suporta, palavras. Movimento de retorno do Ter ao Ser: o de todas as revoluções. Se é de uma que se trata, e se quisermos manter caracterizações teóricas, diríamos que é antropológica, pelo estravazamento do político, do social e do cultural; e o seu discurso, restituidor de corporeidade, o de uma linguagem em que poesia e ciência uma na outra reiterem a respiração.

País de muita vergonha...

Talvez sejamos demasiado pouco. Pouca, justamente, a intensidade com que exprimimos o desejo – a esse propósito se tem falado de uma libertação da palavra, que poderemos não restringir à palavra das mulheres, dos homossexuais, mas a todo o caso português tão lugar-comumente ditos, que somos, de acanhamento piegas e lírico murmúrio, em meio à ardorosa estridência latina, imagem espantosamente (?) coincidente com uma certa e dominante representação do maricas. Matriz inquisitorial ainda, esta que nos molda: é num medo pouco inquieto com a sua circunstância, que somos. De um tempo em que o levantamento de suspeita era já indício de (alguma) culpa, guardámos o modelo para todas as polícias posteriores e o clima de curso esmagamento e suspeição que obriga a uma meticulosa resistência ao afirmar do desejo, por receio à despossessão dele. Palavras não são ditas, levam-nos já à confissão de tudo o que querem que sejamos: judaizantes e

---

[14] Pascal Bruckner e Alain Finkielkraut, *A Nova Desordem Amorosa*, Bertrand, Lisboa, 1981, (p.12)

tenebrosos sodomitas ou agentes da KGB e obscuros subversores da «força moral» do Ocidente. Será pois de estranhar a informação mais ou menos críptica do desejo homossexual entre um tão elevado número de escritores portugueses? Daí que os nossos mais desassombrados heréticos sejam o mais das vezes estrangeirados e lá fora trabalhem as palavras e as ideias, e vivam a vida que aqui se afigura tão pouco possível, trânsfugas de uma respiração alheia no seio do pântano que nos acolhe. Daí também que as transformações das sociedades e das culturas que este país foi sendo tenham tantas vezes – e ultimamente sempre – o carácter de «ajuste» com os níveis de desenvolvimento dos grandes centros mundiais, inultrapassável, que é, a relação com o exterior. Neste sentido, como entender a adesão ao mundo económico, social e cultural da CEE, e a harmonização com o seu adquirido, quando as forças político-partidárias nela mais empenhadas se atêm (por factura de sobrevivência?) ao beneplácito da Igreja como se de uma prescrição universal se tratasse? Lembremos que na Grécia, a atitude pouco democrática do Governo relativamente aos movimentos de homossexuais constitui obstáculo à aceitação do país na Comunidade Europeia. Entre nós, o que será de esperar da promoção de uma guerra santa pela «vida» (como eles a entendem e nos querem obrigar a viver) e a «moral», que, se faz da questão do aborto a sua bandeira, supõe todos os atavismos que sempre nos foram familiares, autoritarismo beato que sonha dar novos mundos morais ao mundo iníquo e bem pouco católico das grandes burguesias europeias a cujo círculo pretendem aceder?

País de heróis e de santos, outros nos vieram a sonhar a Cuba da Europa ou R.D.A. ibérica, para agora nos festejarem povo de «comunidades». Justamente, país de heróis e de santos: Instituição Militar e Igreja, tão freudianamente pai e mãe amantíssimos e rigorosos, sempre oportunos e sucessivas ressurreições nacionais quando tudo o resto parece ruir (assim nos anos vinte/trinta do passado século, em 1926 e tão evidentemente agora mesmo), suportes ainda hoje, e tanto, da sobrevivência dos governos, esses pesados corpos de armas e de dogmas ainda tão intactas após uma revolução que não houve, ou coisa com o seu nome, e que urge esquecer para reinventar.

O que se passou no «microcosmos homossexual» português reenvia apenas para o país que fomos vivendo e, pela nossa parte, não pretendemos mais que introduzir aqui uma proposta de reflexão: dos milhares de «heróis» enviados a fazer a guerra colonial, que descobertas pessoais nos corpos confrontados com a violência, a ruptura cultural pelo contacto com a realidade colonial, a morte e a compagnonerie de caserna, o impossível regresso a uma vitória de província a que já não se pertence? que sobrevivência, e o modo dela, num literal progressivamente industrializado e numa babilónica Lisboa para uma multidão mais ou menos lúmpen, mais ou menos integrada, de candidatos a prostitutos na pitoresca estância da CEE para o que quase unicamente parecem querer vocacionar-nos? que «festa» post-revolucionária, de proliferação de bares gay com a sua imposição de normalidade (estas bichas de passarelle...) no seio da transgressão, que fascismo consumista que Pasolini denunciou como o pior dos fascismos, no lugar em que se publicita, e vende, a «libertação» do desejo? De um tristemente famoso discurso de Galvão de Melo, em Maio de 74, onde a homossexualidade, ou a condescendência perante os homossexuais, é olhada como um sintoma de fraqueza (moral?) do ocidente cristão à face do bloco soviético, ao não menos inquietante documento Veloso, onde a homossexualidade, ao lado da corrupção e das simpatias reacionárias, incorpora um critério de saneamento político ao serviço do processo de democratização, que espaço para a palavra dos próprios homossexuais? Nenhum, ou talvez todo: trata-se de escapar a esse círculo de inteligibilidade – depravados e anormais ao serviço dos interesses do comunismo internacional versus burgueses decadentes – e às devastações supostas por esse equívoco. O fundamental não é por si que passa: se alguma libertação da palavra houve após o 25 de Abril, foi da palavra político partidária, e até à exaustão. E suspeita viragem para os terrenos da cultura por quem hoje faz de revolução cultural uma moda para manter ou angariar clientelas políticas esgotadas pelo discurso militantista.

De um discurso turisticamente consumista como é o do Spartacus Gay Guide (onde um correspondente português assinala o belo sol e as belas praias povoadas por very cheap bois) , e de que obscuras organizações como o GIR são entre nós o eco, à imprensa que enche as suas páginas com uma por vezes tão desajeitada «revolução cultural» que tem nos homossexuais o seu folclore, os espaços de «intervenção» têm sido unicamente aqueles que outros, e com interesses distintos, têm dado aos homossexuais, que em dócil expectativa parecem resignar-se a aceitar as migalhas do banquete. Que espaço, nas sombras que em tudo parecem insinuar-se, para o vivido que as rejeita, e a palavra dele?

Entre nós, e ao contrário dos países anglo-saxónico, a questão jurídica nunca terá sido o problema fundamental; a censura social, num país com um peso esmagador de puritana religiosidade, sempre foi muito mais devastadora que a acção das forças legais – reduzir a intervenção ao âmbito das lutas legais, seria, entre nós, pelo menos ridículo. Na maior das liberdades legais, que mesmo assim não é sequer a nossa ainda, as relações que normalmente se estabelecem no mundo homossexual (e será um mundo tão diferente do mundo dos outros?) estão longe de escapar ao modelo normativo da heterossexualidade familiar, mimetismo que decalca o desejo sobre a farsa portuguesa: o malandro castigador e a Adelaide pingona e traída, tragicomédia do príncipe para sempre perdido e nunca encontrado, – «...um país onde o ditador morrera de morte falecida, como se o sofrimento não tivesse sido gume, faca, lâmina de fino corte, e outros se levantam já, dedos erguidos de assassínios e rumores e faces que aves nunca conseguirão pensar, vozes que de um eco vêm e outro eco, que extinguem e não se extinguem, alimentadas do circular e impossível furor, mansas vozes de travesti, (...) nesta terra meridional, tão sofrida de esperanças, que, sendo agora o futuro, o não reconhece sendo? E atenta ao hálito virtual do projecto, morre sobre o que tanto esperou?»[15]

---

[15] Rui Nunes, *O Mensageiro Diferido*, A Regra do Jogo, Lisboa, 1981

A família do homossexual
Guilherme de Melo, 1982

Guilherme de Melo, nascido em Moçambique, em 1931, foi jornalista, romancista e poeta e uma das mais primeiras, e das mais reconhecidas, figuras públicas assumidamente homossexuais. Apesar de viver os primeiros anos da sua vida tentando esconder a sua homossexualidade (chegou a casar-se) decidiu, depois da anulação do casamento, numa época ainda muito marcada pelo preconceito e a exclusão, assumir-se publicamente e viver de forma aberta e fora da esfera da invisibilidade, até à sua morte, em 2013. «Nem tolerância, nem compaixão. Apenas aceitação e respeito. Tão simples quanto isto.», afirmaria, em 2002, na sua obra *Gayvota: um olhar (por dentro) sobre a homossexualidade.*

A família do homossexual

"Não o conheço, a não ser por fotografias. Mas sinto que posso ir confiadamente até si, depois de ter lido o seu livro. Sou um jovem estudante, de 17 anos, e desde que me compreendo e de mim guardo as primeiras recordações, que sei que não nasci igual aos meus dois irmãos e que terei de viver a vida de forma diferente. Só que nem eles nem os meus pais conseguem entender que assim seja. Não raras vezes me apercebo do ar de troça que perspassa no rosto dos meus irmãos, face a certas atitudes ou reacções minhas. Quanto ao meu pai, esse vai mesmo mais longe: chegou já ao ponto de me envergonhar dinte de vizinhos e amigos da família, que frequentam a nossa casa, desabafando com eles, na minha frente, o seu desgosto por lhe ter nascido um filho "maricas".

Li o seu livro às escondidas, emprestado por uma rapariga que é minha colega de liceu e que tem por mim uma amizade verdadeiramente fraterna. E resolvi escrever-lhe porque gostaria de me encontrar consigo. Queria falar-lhe de mim, expor-lhe os meus problemas, perguntar-lhe o que me aconselha a fazer. Será que posso libertar-me da minha família? Será que conseguirei um emprego que me permita, estudando à noite, viver enfim a minha própria vida entre os que pertencem ao nosso mundo e deixar para sempre esse mundo a que não pertenço, não quero pertencer, e que é o mundo dos meus pais, dos meus irmãos?"

Esta, uma das muitas cartas que a recente publicação do meu livro «A sombra dos dias» me fez chegar às mãos. Talvez a mais desesperada, a mais comovente e que mais profundamente me angustiou, dentre quantas, desde então, tenho recebido.

Ela veio colocar-me, de uma forma invulgarmente aguda e dolorosa, perante um dos problemas mais graves de quantos se liga, à temática do homossexualismo: o da incompreensão e não aceitação, por parte dos parentes próximos, do homossexual que dentro do seu círculo nasça e como tal procure, naturalmente, assumir-se.

É um problema que, ao colocar-se, coloca de imediato uma outra questão candente: a da necessidade imperiosa de, por todos os meios ao nosso alcance, se pensar na forma de educar a família tradicional que mergulha a raiz na concepção absoluta e quase bíblica do macho-fêmea-filhos, por sua vez varões e fêmeas procriadores e raízes da sua continuidade. E há que educá-la preparando-a para a eventualidade de, em qualquer altura, esse seu conceito de normalidade se alterar. E isto porque um desses varões ou fêmeas com que inevitavelmente ela contava para a continuidade dessa linha tradicional e quase bíblica, fugir à regra – e nascer diferente. Como, na manada, zebra com as riscas ao contrário.

A primeira grande tragédia do homossexual português começa, normalmente, a partir da própria família. Ele é apenas e ainda um rapazinho; ela tão somente uma rapariguinha – unicamente eles próprios conhecendo esse confuso e estranho segredo que em si germina e que de dia para dia cada vez mais lhes começa a florescer na alma e a carne, na mente, tanto quanto nos nervos. Mas antes que ouse deixá-lo transparecer, com naturalidade e confiança, aos olhos dos pais, dos tios, dos irmãos que o rodeiam – ele escuta o que dentro do seu círculo familiar se diz dos outros que lhe são iguais. As palavras soezes com que os designam. Os dichotes torpes com que se lhes referem. A troça cruel com que os achincalham. E à medida que de isso se apercebem, toma-os um sentimento instintivo de vergonha, de quase terror – e começo desesperado, o desgastante jogo da dissimulação da sua verdadeira identidade. De repente, ele perde a confiança nos pais – em quem, acima de quaisquer outros seres o mundo, ele desejaria poder confiar. E ganha um sentimento de insegurança junto dos irmãos, diante de cujas brincadeiras, primeiro, diante de cujas conversas e confidências, mais tarde, se não sente à vontade sem que, todavia, consiga a coragem necessária para lhes explicar porquê.

O processo de dissimulação começa aí. Esse processo desgastante e desgostante, que há-de depois arrastar-se pela vida fora, num permanente terror ante a ideia de que os outros se apercebam da sua realidade. Primeiro, os colegas de escola, do liceu. Depois os companheiros de aventura. A seguir os camaradas de trabalho.

O homossexual é, muitas vezes, encarado com um ser falso, dúplice, como um indivíduo dissimulado e em quem não se encontra aquela franqueza sã que se pretende existir sempre no heterossexual. Só que os seus acusadores não sabem até que ponto ele se tornou assim, fruto da insegurança que sentiu, ao procurar afirmar-se na sua verdadeira identidade, junto da família – quando criança, ainda; adolescente; já como jovem. Porque teve medo de o fazer. Porque sabia que se o fizesse, o não aceitariam. E, das duas, uma: ou o repudiavam pura e simplesmente, marginalizando-o e humilhando-o impiedosamente; ou o encarariam como um doente que é preciso ser tratado e, custe o que custar, curar-se. Como se a vesícula lhe estivesse dando mostras de não funcionar devidamente e o levassem ao médico para que este lhe receitasse o *Pankreon*. "Uma cápsula 3 vezes ao dia, uma a cada refeição...". Só que, no seu caso, o *Pankreon* da família seria, naturalmente, susbtituído em doses maciças, pelas meninas do Bairro Alto. Com o primo Silvino, truculento e femeeiro, a servir de médico assistente por recomendação do pai do doentinho.

46

Os traumas que em muitos casos caracterizam o comportamento do homossexual adulto, mergulham a raiz na família e no comportamento por ela adoptado para com a criança que nasceu e se revela diferente.

Ou, noutros casos, não se adoptou. Porque, muito simplesmente, não conseguiu aperceber-se, por falta de preparação, dessa realidade. Ou não quis dessa realidade tomar consciência, ainda que, no subconsciente, algo lhe segredasse que ela exista. E esse é outro dos grandes erros da família portuguesa perante o problema do filho homossexual: aperceber-se da sua realidade; ter a noção exacta do que ele efectivamente é; mas, dos pais aos avós, dos irmãos aos tios, se adoptar tacitamente uma posição de total ignorância dessa realidade. Como se uma cegueira colectiva os atingisse.

O assunto torna-se, assim, num tabu em que ninguém toca, a quem ninguém dentro da família alude. E o homossexual vai crescendo e desenvolvendo a sua personalidade dentro do seio familiar como um exilado. Um exilado condenado a viver a sua existência num país que o tolera e o acolhe, mas com o qual ele não se identifica. Até porque sente que esse mesmo país o não encara nunca como seu próprio cidadão. Ele será sempre o estrangeiro que se respeita e de quem se espera que nos respeite. Nada mais.

Compreensivelmente, uma vez homem feito, mulher adulta, o homossexual assim tratado pela família, tem uma única preocupação e uma só ideia a dominá-lo: bastar-se a si mesmo para poder, acto-contínuo, afastar-se dessa mesma família, passando a fazer a sua própria vida, sem nunca mais reatar qualquer contexto com os pais e os irmãos.

E essa é outra das dolorosas realidades do fenómeno homossexual-família, na nossa sociedade: o afastamento, o quase corte, diríamos mesmo, por aquele efectuado mal se ache capaz de singrar na vida pelos seus próprios meios. Não, obviamente, por culpa dele, o homossexual – mas porque a família lhe deu sempre a sensação de o tolerar sem, contudo, o procurar entender ou, sequer, dialogar sobre a sua natural realidade. Ele foi o estrangeiro que se suportou em casa, à espera do momento em que o pudessem, com alívio, ver pegar no passaporte e atravessar a fronteira, em busca do seu exacto país.

Interrogava-se e interrogava-me, há dias, uma colega do jornal com quem na altura almoçava, sobre o porquê de cada vez mais frequentemente os jovens se suicidarem. Referia-se, naturalmente, aos jovens em geral, não ao caso específico do jovem homossexual.

Porquê, na verdade?

De repente, a fotografia no jornal. E o título a encimá-la: "Jovem põe termo à vida". Dezoito anos. Vinte. Às vezes, dezasseis. Ou até menos.

O espanto. Os comentários entrecruzam-se. As hipóteses surgindo. Foi porque.

E vem a história da droga. "Andava metido na droga, uma desgraça." A da gravidez encoberta, quando se trata de uma rapariga. "O pai puha-a fora de casa se soubesse, um monstro..." O diz-se diz-se, em ladainha de requiem.

Mas porque se suicidam cada vez mais frequentemente estes jovens com que nos cruzamos na rua, que viajam ao nosso lado no metro, que se sentam à nossa frente no cinema?

A pergunta cresce. É um imenso ponto de interrogação suspenso por sobre todos nós. Como um sentimento de culpa, nuns casos. De perplexidade, quase sempre. Os sociólogos, esses, banqueteiam-se à farta com o fenómeno. Vêm com teorias, argumentos, explicações. É tema de conferências e pretexto para colóquios. E recheio para livros, igualmente.

[...]

Mas se há, pois, que desenvolver-se todo um atento e profundo trabalho de preparação da família para sentir e compreender os problemas com que cada vez mais se debate a juventude de hoje globalmente encarada, talvez que no caso específico do homossexual esse trabalho se torne ainda mais exigente e imperioso pela simples razão que, neste caso, ele nem sequer ainda se iniciou. E terá de ser todo um paciente e seguro trabalho de educação e de tomada de consciência.

Não já, naturalmente, a partir dos que hoje são pais de homossexuais adultos e a si próprios entregues com toda a eventual carga de traumas e frustrações trazidas dessa raiz familiar que lhes deu origem. Mas, sim, a partir dos que estão sendo pais – agora. Os que são, neste momento, pais e avós de garotos de seis, sete anos, de rapariguinhas à beira dos dez e que, sem que força alguma o tenha podido impedir ou continuará impedindo, são as delicadas zebras de narinas frementes e cascos de luar, que assim nasceram na manada transgredindo as leis da uniformidade. Com as riscas ao contrário.

Elas têm o direito de ser diferentes. E os que ao seu lado cavalgam pela planura da vida, terão tanto que aceitá-las e compreendê-las quanto elas mesmas terão de compreender e aceitar os que, a seu lado cavalgando ao encontro do Sol, são delas diferentes.

Convenção dos Direitos do Homem
Revista Organa, 1990.

Em 1990, Ana Pinheiro e Filomena Loureiro, duas lésbicas impulsionadas pela sua experiência e contacto com grupos feministas na Alemanha e Inglaterra, criaram as primeiras plataformas organizadas de contacto e comunicação de e para lésbicas, em Portugal, a partir da criação da revista Organa, que integrava artigos de interesse para lésbicas e para o ativismo lésbico. Editada a partir de 1990, a revista era fotocopiada e enviada discretamente da Amadora, por correio, mediante o pagamento de 400$00. A Organa organizou os primeiros encontros lésbicos – o primeiro, teve lugar em 1991 no "Covil das Amazonas" – e criou a primeira linha de atendimento sobre homossexualidade. Em 1993, depois de 9 números publicados, a equipa desintegrou-se, dando origem a uma nova revista, a Lilás[16], que seria publicada até 2002, e a editora LGBT e distribuidora Zayas, criada por Ana Pinheiro, em 2000. Estas duas publicações – Organa e Lilás – marcaram de forma definitiva o movimento lésbico português, já que muitas das posteriores organizações lésbicas seriam fundadas por mulheres ligadas a estas duas revistas. Exemplo disso, é o Clube Safo, organização criada em Aveiro, em 1996, com uma publicação própria: a Zona Livre, e o LES, Grupo de Discussão sobre Questões Lésbicas, que organizam encontros e debates, e editam a publicação LESonline.

Convenção dos Direitos do Homem[17]

É certo que vivemos num Estado-de-direito, que Portugal detém uma Constituição moderna e que proclama amplas liberdades aos seus cidadãos. Sob pena de entrarmos em questões mais técnicas arriscamos uma abordagem ao tema dos direitos do Homem e seu reconhecimento em Portugal, tanto na Constituição da República, como na Convenção dos Direitos do Homem, à qual Portugal aderiu três anos depois da Revolução de 1974.

É uma garantia da protecção dos direitos do Homem na Europa.

A Convenção Europeia dos direitos do Homem entrou em vigor em 1953 e foi aprovada em Portugal para ratificação pela Lei nº 67/78 de 13 de Outubro de 1978. Constitui uma garantia internacional, uma espécie de contrato, nos termos do qual os Estados assumem determinadas obrigações. Estas obrigações consistem em reconhecer determinados direitos a todas as pessoas.

Nos termos da Convenção, os governos devem garantir a protecção dos direitos e liberdades de todos quantos se encontram sujeitos à sua jurisdição.

---

[16] *Percursos Feministas: Desafiar os Tempos* (organização de Eduarda Ferreira, Isabel Ventura, Luísa Rego, Manuela Tavares, Maria Antónia Pires de Almeida, UMAR/Universidade Feminista, Lisboa, 2015, ISBN: 978-989-95693-7-9).

[17] Revista Organa, Publicação Lésbica de Portugal, nº 3, 1990.

A Convenção visa assegurar uma garantia internacional, para além dos direitos de recurso previstos em cada Estado Membro. A Convenção permite, por outro lado, que qualquer pessoa que invoque uma violação dos seus direitos possa desencadear um processo contra o governo que considere responsável por tal facto.

Baseada na Declaração Universal dos direitos do Homem pela Assembleia Geral das Nações Unidas, em 10 de Dezembro de 1948[18], esta Declaração reconhece que o respeito dos direitos inalienáveis de todos os membros da família humana constitui fundamento da liberdade, da justiça e da paz do mundo. Para que o homem não se veja forçado à revolta contra a tirania e a opressão, é essencial que os direitos do Homem sejam protegidos por um regime de direito.

A Declaração Universal proclama que todos os seres humanos nascem livres e iguais em dignidade e em direitos. Todos eles gozam dos direitos e liberdades proclamados nesta Declaração "sem distinção de raça, de cor, de sexo, de língua, de religião, de opinião política ou outra de origem social, de fortuna, de nascimento ou de qualquer outra situação."

"Todos os membros do Conselho da Europa reconhecem o princípio do primado do direito e o princípio em virtude do qual qualquer pessoa, colocada sob a sua jurisdição deve gozar dos direitos do Homem e das liberdades fundamentais" (art. 3º do estatuto do Conselho da Europa)

Com efeito, é pela primeira vez criado um mecanismo regional (europeu) eficaz para a protecção dos direitos do Homem; os Estados membros comprometem-se não só a assumir determinadas obrigações, como também a reconhecer que os indivíduos possuem direitos que decorrem do direito internacional.

A Convenção baseou-se na convicção que as liberdades fundamentais – que "constituem as verdadeiras bases da justiça e da paz no mundo" – repousam essencialmente num regime politico verdadeiramente democrático e "numa concepção comum e no comum respeito dos direitos do Homem".

Os governos dos Estados europeus "animados do mesmo espírito, possuindo um património comum de ideais e tradições políticas, de respeito pela liberdade e pelo primado do direito" para a aplicação colectiva destes direitos.

OS DIREITOS PROTEGIDOS

A maior parte dos direitos e liberdades protegidos pela Convenção têm carácter civil ou político. Eis alguns que nos dizem respeito, para além dos direitos fundamentais da pessoa humana, como:

– o direito à vida;

– o direito à liberdade e segurança;

– o direito a uma administração equitativa da justiça;

– o direito ao respeito da vida privada e familiar do domicílio e da correspondência;

[18] O art. 16º nº2 da Constituição da República Portuguesa determina que "os preceitos legais relativos aos direitos fundamentais devem ser interpretados e integrados de harmonia com a Declaração Universal dos Direitos do Homem".

– o direito à liberdade de pensamento, consciência e religião;
– o direito à liberdade de expressão e opinião:
– o direito à liberdade de reunião e de associação, incluindo o direito de aderir a sindicatos;
– o direito de casar e de constituir família.

Estes direitos terão como limites, por motivos de segurança pública e segurança nacional, bem-estar económico do país, protecção da saúde pública ou da moral, protecção dos direitos e liberdades dos cidadãos, defesa da ordem e prevenção do crime. Mas, nunca nenhum Estado tem o direito de desrespeitar o direito à vida, permitir a tortura, escravatura e a não retroactividade da lei penal.

Assim, nos termos desta Convenção e seus Protocolos, o respeito dos direitos humanos é assegurado por dois órgãos especialmente criados para o efeito – a Comissão e o Tribunal dos Direitos do Homem – e pelo Comité de Ministros do Conselho da Europa, sendo constituído pelos Ministros dos Negócios Estrangeiros dos Estados Membros ou pelos seus delegados.

Em meados de 1983, 17 dos 21 Estados membros, incluindo Portugal, reconheceram o direito de queixa individual previsto no art. 25º da Convenção, o que constitui um dos aspectos mais notáveis do mecanismo judicial assegurado pela Convenção.

Para que a queixa seja aceite, porém, é necessário que o requerente demonstre que esgotou todas as vias de recurso efectivo, existentes o seu país.

À Comissão do Conselho da Europa pertence a decisão de se pronunciar sobre a admissibilidade da queixa. São-lhe apresentadas anualmente 300 a 400 queixas, das quais, cerca de 90% são rejeitadas numa primeira fase.

O Tribunal analisa o relatório da Comissão e segue-se uma audiência em Estrasburgo.

Quando o processo não é submetido a Tribunal, o Comité de Ministros do Conselho da Europa decide se o relatório da Comissão deverá ou não ser aplicado.

Entre os casos submetidos a tribunal encontram-se:
– o direito dos transsexuais à alteração do seu estado civil
– discriminação em relação a homossexuais.

Ora, em 18 de Maio de 1988, o Iceberg, o projecto ILGA (International Lesbian & Gay Association) apresentou um relatório ao Comité de Ministros, com casos concretos da discriminação gay na Europa, com base em relatos oriundos de vários países.

Desde esse dia Iceberg tem pressionado as instituições da Comunidade Europeia e o Conselho da Europa a tomar resolução que elimine a discriminação nos seus Estados-membros.

Dois membros holandeses da ILGA assumiram a coordenação e desenvolvimento do Iceberg: a organização holandesa para a integração da homossexualidade COC e o Departamento de estudos interdisciplinares gays e lésbicos da Universidade de Utrecht.

COC é a organização holandesa com mais de 40 anos que coordena a acção política do Iceberg.

Todas as informações sobre casos de discriminação e casos legais e políticos devem ser enviados à Iceberg através da Organa.

O apoio inicial ao Iceberg foi dado pelo GRAEL/ Rainbow Group, do Grupo Socialista do Parlamento Europeu, e da Fundação Europeia dos Direitos do Homem.

Criação da ILGA Portugal

ILGA Portugal, 1995

Começam em 1995 as primeiras reuniões de ativistas LGBT provenientes, principalmente, da luta contra a SIDA em organizações com a ABRAÇO ou a CNLCS, com o intuito de criar uma associação especificamente LGBT, que represente a comunidade e a defenda, que dará origem à Associação ILGA Portugal – Intervenção Lésbica, Gay, Bissexual e Transgénero. Nas palavras de Gonçalo Diniz, o primeiro Presidente da ILGA Portugal: «A associação surgiu a partir de voluntários que trabalhavam em organizações de luta contra a AIDS e eram organizações que tinham uma grande massa de voluntariado que era gay e que pensava que deveria existir uma organização que tratasse exclusivamente dos assuntos dessa comunidade.»[19] O impulso mediático conseguido por alguns ativistas durante a epidemia da SIDA, o apoio de organizações civis e o momento de maior consolidação democrática e social que o país vivia, ajudam a que a Associação cresça, se formalize e ganhe personalidade jurídica em 1996. O apoio dado pela Câmara Municipal de Lisboa, que, em 1997, cede o n.º 88 da Rua de São Lázaro para sede (atualmente na Rua dos Fanqueiro, n.º 40) marcará um ponto fundamental na consolidação e desenvolvimento da ILGA Portugal e no futuro do movimento LGBT. Como refere António Fernando Cascais: «[...] a partir da segunda metade da década de 1990, o associativismo GLBT português adquire expressão idêntica aos seus congéneres europeus e norte-americanos, traduzida em organizações com representatividade no seio da própria comunidade, visibilidade social e mediática, credibilidade e capacidade de pressão sobre os organismos político-partidários e as instituições do Estado, e enfim, uma agenda política própria.»[20]

Criação da ILGA Portugal

A ideia não é, com certeza, nova. Contudo, foi devido à inércia da maioria da comunidade gay do nosso país que este pequeno grupo de pessoas tenta, finalmente, tornar este sonho numa realidade.

À partida não é uma tarefa fácil, mas julgamos que, com o interesse de toda a nossa comunidade, esta associação poderá tornar-se em algo benéfico para todos nós. Não existe uma única entidade no nosso país que nos represente e que nos defenda ao contrário da maioria dos nossos vizinhos Europeus e Norte-Americanos. É do conhecimento geral, a imagem que o nosso país tem da nossa comunidade: gente imunda, pederastas, desprezíveis aberrações da natureza e duma promiscuidade tal, que somos responsáveis pela alastração da S.I.D.A que, diga-se de passagem, é um castigo de Deus pelo nosso "desvio". Para um pai, é uma vergonha ter um filho "bicha" ou

---

[19] Santos, Ana Cristina. (2002). *Sexualidades politizadas: ativismo nas áreas da AIDS e da orientação sexual em Portugal. Cadernos de Saúde Pública*, 18(3), p. 606

[20] Fernando António Cascais. *Diferentes como só nós. O associativismo GLBT português em três andamentos*. p. 125.

uma filha "fufa", precisamente devido à imagem que gozamos, divulgada pelos mais variados meios de comunicação social que, como todos nós sabemos, adoram explorar as faces negativas pois são essas as que fazem as notícias e as manchetes.

Duvidamos que não tenham ocorrido situações em que te tenhas sentido profundamente revoltado, insultado, magoado, tido a tua integridade posta em causa ou que tenhas até sido fisicamente abusado pelo facto de seres homossexual. As nossas autoridades pouco ou nada fazem assim que notam que "ele é paneleiro". E assim somos obrigados a conformarmo-nos com estas situações injustas e não tão poucas vezes inconstitucionais. Perante a Lei somos todos iguais, tendo todos os mesmos direitos, liberdades e garantias (Artigo 13, alínea 2, da Constituição), não podendo nós, portanto, ser discriminados seja qual for o critério.

É nestas razões e muitas mais que se baseia a nossa acção. Mas afinal como é que seria a nossa associação, qual a sua finalidade, quem se poderia associar, quem a representaria, e o que é que tu podes fazer por ela?

Bem, a ideia fundamental acerca da sua estrutura é a seguinte: um/a presidente que seria responsável pela associação e suas actividades, um forte gabinete jurídico que se prestaria a auxiliar qualquer homossexual na defesa dos seus direitos, um gabinete de acção social que teria como finalidade o aconselhamento acerca dos problemas e obstáculos que todo e qualquer homossexual tem de ultrapassar, começando pela família, passando pela sociedade e terminando em si, aceitar-se, assumir-se sem vergonha ou culpa por ser o que é. Por fim, um gabinete de saúde que encarregar-se-ia de encaminhar seropositivos, estabelecer ligações com outras associações (ABRAÇO, CNLCS, etc), etc...

Qualquer pessoa (homossexual ou não) a ela se poderia associar, desde que a sua intenção primária fosse o bem da nossa comunidade.

Como é que podes contribuir? De inúmeras maneiras. Ninguém te vai pedir para desfilar na Av. da Liberdade com o triângulo côr-de-rosa invertido. A associação seria rigorosamente sigilosa. No início, seria pelo pagamento de quotas anuais ou mensais. Mas antes de tudo é necessário reforçar esta estrutura e criar aquilo a que nos propomos, encontrar gente competente que tenha algum tempo disponível para ingressar nos vários gabinetes. Portanto, o que por enquanto queremos são voluntários para colaborar connosco, gente genuinamente interessada em pôr esta ideia a correr.

Escreve-nos.

10 reinvidicações fundamentais
ILGA Portugal, GTH/PSR, Opus Gay e Abraço, 1998

A criação da Associação ILGA Portugal, em 1996, marca um momento de impulso no movimento LGBT, com novas associações a serem criadas, como o Clube Safo, em 1996, impulsionado por quatro mulheres, três delas vindas das revistas Organa e Lilás, o lançamento do PortugalGay.pt, um portal de/para homossexuais, a publicação da revista Korpus, editada por Isidro Sousa e, a criação da Opus Gay, fundada por António Serzedelo em 1997 (lançada por ocasião do Primeiro Arraial). No seio da ILGA Portugal, são criados Grupos de Interesse, como o Grupo de Mulheres, e os serviços de apoio à comunidade, como o Centro de Documentação Gonçalo Diniz ou a LAISH–Linha de Atendimento sobre Homossexualidade, bem como outras atividades como a Marchas VIH/SIDA ou o Festival de Cinema Gay e Lésbico de Lisboa, com o apoio da Câmara Municipal de Lisboa (atualmente denominado Queer Lisboa e organizado pela Associação Janela Indiscreta). A 28 de junho de 1997, para celebrar o Dia do Orgulho, a Associação organiza o Primeiro Arraial Pride, com o apoio da CML, do Clube Safo, do Grupo de Trabalho Homossexual do Partido Socialista Revolucionário (GTH/PSR) e de bares da zona do Príncipe Real, onde decorreu o evento. Nessa primeira edição participaram 200 pessoas e no Segundo Arraial Pride, de 1998, cerca de 4.000. Além desse aumento significativo de participantes, este Segundo Arraial ficou marcado pela distribuição do Primeiro Manifesto Conjunto do colectivo de associações, com dez reivindicações fundamentais, que seriam objetivos de luta nos anos seguintes, alguns deles alcançados e outros ainda por cumprir.

10 reinvidicações fundamentais

Nós abaixo-assinados/as vimos por este meio exigir:

1) a explicitação na Constituição da República Portuguesa (CRP), da orientação sexual como um dos critérios pelos quais ninguém pode ser discriminado.

2) o enquadramento legal das pessoas que vivem em união de facto, sem qualquer discriminação baseada na orientação sexual ou outra.

3) o direito à educação sexual nas escolas, que ensine aos/às jovens o valor da afectividade e se baseie no conhecimento do próprio corpo como fonte de prazer, e não limitada à questão reprodutiva.

4) que a História dos/as gays, lésbicas, bissexuais e transexuais não seja excluída do que se ensina nas escolas.

5) a não discriminação, implícita ou explícita, no direito ao trabalho, quer nas efectivas condições de acesso aos postos de trabalho, quer no desenvolvimento das carreiras profissionais, nas promoções e acesso a outras regalias profissionais.

6) a não discriminação no acesso à saúde e aos cuidados de saúde, repudiando o tratamento discriminatório de que somos objecto por parte das

estruturas e alguns profissionais de saúde, bem como a garantia do direito à confidencialidade dos nossos dados, clínicos ou pessoais.

7) o fim do tratamento discriminatório de exclusão liminar dos/as homossexuais como dadores/as de sangue, baseada unicamente na ignorância e no preconceito.

8) o direito à adopção, como mais um passo para a igualdade de direitos, porque a orientação sexual de cada um/a não condiciona as suas capacidades parentais.

9) a não discriminação de gays, lésbicas, bissexuais e transexuais quanto à atribuição do poder paternal, que à mãe, quer ao pai, pela sua orientação sexual.

10) a explicitação expressa da possibilidade de concessão de asilo político por motivo de perseguição baseada na orientação sexual.

Tribunal Europeu dá razão a João Mouta

ILGA Portugal, 1999

Em 1994, João Manuel Salgueiro da Silva Mouta vê-se privado do exercício do poder paternal pelo Tribunal da Relação de Lisboa. Salientando que em causa não estava o amor de João Mouta pela filha ou a sua idoneidade como pai, o Tribunal justifica a decisão pela situação "anormal" de João ser homossexual e viver com outro homem: «A menor deve viver no seio de uma família, de uma família tradicional portuguesa, e esta não é, certamente, aquela que seu pai decidiu constituir, uma vez que vive com outro homem, como se de marido e mulher se tratasse. [...] Em qualquer dos casos estamos perante uma anormalidade e uma criança não deve crescer à sombra de situações anormais; di-lo a própria natureza humana e refere-se que o próprio requerente o reconhece quando, no requerimento inicial de 5/7/90, afirma que saiu de casa em termos definitivos para ir viver com um amigo seu, decisão que não é normal, analisada por critérios correntes.» Esta decisão – e o argumentário – trazem o caso para a luz da opinião pública e motivam uma queixa ao Tribunal Europeu dos Direitos Humanos que, em 1999, constata «que o Tribunal da Relação fez uma distinção ditada por considerações que têm a ver com a orientação sexual do requerente»[21], condena o Estado português e obriga ao pagamento de uma indemnização a João Mouta.

Tribunal Europeu dá razão a João Mouta

A Associação ILGA Portugal vem por este meio congratular-se pela decisão tomada ontem pelo Tribunal Europeu dos Direitos do Homem condenando o Estado português por discriminação do cidadão e pai homossexual João Mouta. Este cidadão viu ser-lhe negada a guarda da sua filha por parte do Tribunal da Relação, tendo sido claramente um dos critérios para se chegar a esta decisão a sua homossexualidade.

Este Tribunal viera revogar uma decisão anterior do Tribunal de Família que considerava o cidadão João Mouta, de acordo com os interesses da criança, como o progenitor mais apto para assumir o poder paternal.

Para além de criar jurisprudência em termos de União Europeia, esta decisão do Tribunal Europeu vem reforçar aquilo que a Associação ILGA Portugal tem vindo a denunciar: a justiça portuguesa continua a discriminar com base na orientação sexual, ao arrepio das convenções internacionais que Portugal tem assinado no seio da UE, e a legislação nacional continua impregnada de preconceitos discriminatórios da comunidade glbt (gay, lésbica, bissexual e transgender).

João Mouta viu assim ser agora recompensada parcialmente a sua longa luta por justiça, embora sejam já irrecuperáveis os danos que lhe foram causados pela inaceitável decisão dos tribunais portugueses. Resta agora que

---

[21] Caso Salgueiro da Silva Mouta c. Portugal (Queixa n.°33290/96). Acórdão. Estrasburgo. 21 de Dezembro de 1999.

o Estado português acate a decisão do Tribunal Europeu e assuma a responsabilidade e a vontade política para solucionar este caso, nomeadamente explicitando a não-discriminação em função da orientação sexual na Constituição Portuguesa da República, uma medida que preveniria certamente a repetição deste lamentável tipo de discriminações.

Nem homofobia, nem sexismo, nem racismo, nem vergonha!

Grupo de Trabalho Homossexual (GTH/PSR), 1999

Em maio de 1991, surge o Grupo de Trabalho Homossexual no seio do Partido Socialista Revolucionário (GTH/PSR) que será a primeira organização LGBT com atividade duradoura, até 2003. Impulsionado por militantes como José Tavares e Sérgio Vitorino, o GTH-PSR compreende um fenómeno novo no panorama LGBT português, enquanto expressão de política organizativa, e marca o início da segunda fase do movimento LGBT em Portugal, conforme esquematizado por Fernando António Cascais[22]: 1974-1990 – primeiro período (com um eixo em meados da década de 80); 1990-1991 – período de transição, com características mistas; 1991-1994 – segundo período; 1995-1997 – período de transição, com características mistas; 1997 ao presente – terceiro período. Segundo Cascais, é a partir de 1997 que se dá o «surgimento explosivo de associações e de iniciativas»[23]. Além do GTH-PSR, da ILGA Portugal, do Clube Safo e da Opus Gay, surgidas no período 1991-1997, irão aparecer, ao longo das primeiras décadas do século XXI, a Não te prives – Grupo de Defesa dos Direitos Sexuais (Coimbra), a Rumos Novos Homossexuais Católicos, a rede ex-aequo Associação de jovens lésbicas, gays, bissexuais, transgéneros e simpatizantes, a Panteras Rosa Frente de Combate à LesBiGayTransFobia, a AMPLOS Associação de Mães e Pais pela Liberdade de Orientação Sexual, a API – Ação Pela Identidade, entre outras (algumas delas de curta duração), cujo foco de ação e ligações que estabelecem, entre elas e com outras organizações, comprovam a amplitude, ramificações e entroncamentos do movimento LGBT na democracia portuguesa.

Nem homofobia, nem sexismo, nem racismo, nem vergonha![24]

O Grupo de Trabalho Homossexual (GTH) é um grupo de homens e mulheres, gays, lésbicas e bissexuais, militantes e simpatizantes do PSR. Ao criá-lo, no início dos anos 90, o PSR foi, durante seis anos, a única organização na sociedade portuguesa que se ocupou abertamente em consciencializá-la para a repressão e discriminação exercidas pela moral sexual dominante sobre as minorias sexuais e em dar voz à comunidade homossexual.

E não é por acaso que, ainda hoje, o PSR continua a ser o único partido político a assumi-lo. Nele, e na esquerda, cruzam-se muitas lutas, contra todo e qualquer tipo de opressão, discriminação ou exploração. Da mesma forma que acreditamos que a luta pela libertação das minorias sexuais não pode ser feita isoladamente, também não acreditamos que se possa construir a

---

[22] Fernando António Cascais, op. Cit., p. 112.
[23] Fernando António Cascais, op. Cit., p. 123.
[24] *Sem medos*, n.º 1. Outubro de 1998.

sociedade melhor pela qual lutamos sem essa profunda mudança da forma como a sociedade encara a sexualidade.

Para nós, é inconcebível lutar contra a homofobia e o machismo que nos discriminam sem lutar contra a opressão das mulheres, também perseguidas por esses preconceitos, ou contra o racismo – também um ódio ao diferente – ou contra um sistema económico que só atribui direitos a quem os pode pagar, ou ainda contra o patrão que se abotoa ao lucro distribuindo salários de miséria. Para mais, quem melhor pode compreender a discriminação de que somos alvo do que outr@s discriminad@s!

Hoje, finalmente, já existe um movimento homossexual em Portugal, e surgiram organizações gays, lésbicas, bissexuais e transexuais que provaram ser capazes de trabalhar em conjunto. Os primeiros passos estão dados, mas há muito por fazer.

Há que reforçar a comunidade portuguesa e abri-la à solidariedade d@s heterossexuais que também consideram injusta a nossa discriminação e que também estão sujeitos aos tabus que rodeiam a sexualidade. Temos que lutar contra as leis repressivas e pela igualdade de direitos, Mas temos que ter consciência de que, para isso, não temos que nos integrar na sociedade tal como ela existe, com os seus preconceitos e injustiças, mas são a sociedade e as mentalidades que têm que mudar, pela nossa acção.

Por isso, unimos a nossa luta com as feministas, em luta contra o machismo, e à dos outros movimentos minoritários que lutam pelos direitos humanos. Por isso, questionamos a família tradicional e a dominação machona que ela promove.

Por isso, achamos que o nosso movimento deve exigir direitos não só para si, mas para tod@s @s cidadãos/ãs oprimidos e discriminados pela sociedade que temos.

Por isso, desejamos um movimento homossexual democrático e participado, sensível às outras opressões, em que as reivindicações das lésbicas e dos jovens não sejam secundarizadas, que não tenha receio de pôr em causa a sociedade, ao buscar as raízes das opressões, nem de nomear quem continua a fomentar a discriminação. Por isso, temos pressa e não queremos esperar pelo que nos é devido. Basta de discriminação! Nem mais uma agressão homofóbica. Exigimos, hoje, tudo! Ama quem quiseres e luta pelo direito de fazê-lo. Sem medo e sem vergonha!

Basta de vergonha!

Coletivo de Associações LGBT[25], 1999

No terceiro Arraial Pride de Lisboa é divulgado, pela segunda vez, um Manifesto Conjunto, que reitera as reivindicações do ano anterior e inclui, pela primeira vez, reivindicações relativas a questões transexuais e transgender. O Manifesto é subscrito, nesse ano, por sete Associações LGBT, incluindo duas de lésbicas, o Grupo Lilás e o Clube Safo. No ano seguinte, será organizada a Primeira Semana do Orgulho de Lisboa, com atividades variadas, começando com a inauguração da exposição *Olhares (d)a Homossexualidade*, no Teatro A Comuna e culminando com a 1ª Marcha do Orgulho de Lisboa e o Arraial Pride. A Marcha do Orgulho de Lisboa continua a ser organizada todos os anos, por um coletivo de associações LGBT e não-LGBT. Além de Lisboa, em 2006, realizou-se a Primeira Marcha do Orgulho do Porto; em 2010, a Marcha Contra a Homofobia e Transfobia, de Coimbra e, em 2013, o Pride em Braga. Nos Açores, a primeira marcha realizou-se em 2012, em Ponta Delgada.

Basta de vergonha!

Em Janeiro deste ano, a publicação da Classificação Nacional de Deficiências em Diário da República – que incluía a "deficiência da função heterossexual" – mereceu uma resposta firme por parte do movimento lésbico, gay, bissexual e transgender. Após três meses de protestos continuados, durante os quais conseguimos mobilizar solidariedades nacionais e internacionais, nomeadamente por parte de um secretário de Estado, conseguimos a sua revogação.

Durante esse período, o organismo responsável pela vergonhosa classificação fez finca pé na sua defesa, justificando-se com a transcrição de um documento da Organização Mundial de Saúde de... 1976, entretanto revogado. É de referir também que o governo não teve a coragem necessária para intervir a nosso favor num caso tão claro de discriminação.

Este não foi, porém, o único ataque que sofremos este ano por parte do poder político. A 3 de Março, era aprovada na Assembleia da República uma Lei de Uniões de Facto que, escandalosamente, se dirigia apenas a pessoas de "sexo diferente". Não contentes com o facto de as uniões homossexuais não serem legalmente reconhecidas, os nossos deputados e governantes optavam assim por mais uma segregação explícita em função da orientação sexual.

Também neste caso, o movimento lésbico, gay, bissexual e transgender foi extremamente activo, denunciando esta injustiça e as posições homófobas assumidas por diversos sectores. A lei acabou por ficar na gaveta e, se não se deu o passo em frente de se reconhecerem legalmente as uniões entre pessoas

---

[25] ILGA Portugal, GTH/PSR, Grupo Lilás, Clube Safo, Opus Gay, Korpus e Abraço.

do mesmo sexo, pelo menos não se deu o passo atrás de as aprovar apenas para heterossexuais.

Outros casos de discriminação vieram a público, este ano, devido à nossa denúncia, como a aprovação de novas formas relativas à doação de sangue, que continuam a excluir os dadores gays com base no mero preconceito, ou o anúncio, pelo Instituto Nacional de Estatística, de que as Uniões de Facto homossexuais não serão contabilizadas no Censo 2001. Discriminações que não deixámos passar em claro e que demonstram a necessidade de nos organizarmos e unirmos cada vez mais na luta contra a discriminação.

Com derrotas e vitórias, este foi o ano de maior visibilidade lésbica, gay, bissexual e transgender em Portugal, pelo simples facto de não termos baixado os braços e termos entendido que, através da mobilização e da participação de todos/as nós, é possível denunciar a homofobia e mudar as mentalidades.

Mas, muito está ainda por fazer e ninguém é dispensável nesta luta. O ano 1999 ficará marcado pela atitude combativa sem precedentes que o movimento gay, lésbico, bissexual e transgender assumiu em defesa dos seus direitos e na luta contra a discriminação de que continuamos a ser alvo em Portugal. Fossemos mais a agir e mais teríamos feito. É por isso que nesta comemoração dos 30 anos de Stonewall, dia de luta, apelamos ao envolvimento activo de todos/as os/as gays, lésbicas, bissexuais e transsexuais neste combate pelos seus direitos. Basta de vergonha!

Quinze reivindicações pela igualdade de direitos:
As associações abaixo-assinadas exigem:

1) A explicitação, na Constituição da República Portuguesa, da orientação sexual como um dos critérios pelos quais ninguém pode ser discriminado, visto que o texto constitucional refre, no seu Artº 13º, nº2, que «ninguém pode ser privilegiado, beneficiado, prejudicado, privado de qualquer direito ou isento de qualquer dever em razão de (...) sexo, raça, língua, convicções políticas ou ideológicas (...)», excluindo a orientação sexual. Exigimos também a efectivação, por parte do Estado, de medidas que contrariem a discriminação de que somos alvo nos mais diversos planos da sociedade pela forma como vivemos a nossa sexualidade.

2) O enquadramento legal das pessoas que vivem em união de facto, sem qualquer discriminação baseada na orientação sexual ou outra. Hoje, as famílias constituídas em união de facto mantêm-se numa insustentável situação de desigualdade e discriminação que é prioritário ultrapassar no que respeita à protecção e segurança social, ao regime de faltas para apoio ao agregado familiar, ao regime de bens, à transmissão do direito ao arrendamento, à política fiscal, às sucessões, ao trabalho, ao acesso à habitação e ao direito à imigração para efeitos de reagrupamento de casais. Exigimos ainda o reconhecimento legal das uniões de facto reconhecidas noutros países.

3) A alteração do artigo do Código Civil que define a família como resultante apenas de uma relação entre pessoas de sexo diferente, e o acesso de gays, lésbicas, bissexuais e transgenders a todos os direitos conferidos pelo casamento civil.

4) A não discriminação no acesso ao trabalho e na progressão na carreira e a extensão dos direitos acessórios ou regalias legais e administrativas do/a trabalhado/a ao/à companheiro/a que com ele/a coabita.

5) A não discriminação no acesso à saúde e aos cuidados de saúde. Repudiamos o tratamento de exclusão, marginalização ou discriminação de que somos objecto por parte das estruturas e alguns profissionais de saúde. Exigimos a garantia do efectivo direito à confidencialidade dos nossos dados, clínicos ou pessoais e que as medidas definidas pela Comissão Nacional de Protecção de Dados nesse sentido sejam rapidamente implantadas, com o fim das perguntas sobre a orientação sexual fora do contexto médico-paciente (e, mesmo assim, só se for clinicamente relevante), da indicação escrita da mesma orientação em fichas clínicas e outros documentos de circulação alargada no meio hospitalar.

6) A eliminação da diferença entre a idade de consentimento para relações heterossexuais (14 anos) e relações homossexuais (16).

7) A não discriminação de gays, lésbicas, bissexuais e transgenders quanto à atribuição do poder paternal, quer à mãe, quer ao pai, pela sua orientação.

8) O direito à adopção de crianças e à inseminação artificial. Não desconhecemos a controvérsia científica que se trava entre pedagogos, psicólogos, educadores, sociólogos e juristas acerca desta matéria, mas a orientação sexual de cada um/a não condiciona as suas capacidades parentais, nem determina a orientação sexual dos filhos. Muitos/as gays e lésbicas vivem, já hoje, com filhos resultantes de relações anteriores.

9) A explicitação da possibilidade de concessão de asilo político por motivo de perseguição baseada na orientação sexual e a concessão do direito de trabalho e residência em Portugal aos/`s companheiros/as estrangeiros/as de gays, lésbicas, bissexuais e trangenders portugueses/as.

10) O fim do tratamento discriminatório da exclusão liminar de gays como dadores de sangue, baseada unicamente na ignorância e no preconceito. A segurança dos produtos e derivados de sangue obtém-se com controlos técnicos e científicos e atentando nos comportamentos dos potenciais dadores, não definindo supostos "grupos de risco" – um conceito ultrapassado, ou recorrendo a atitudes discriminatórias.

11) O direito à Educação Sexual nas escolas, não limitada à questão reprodutiva, mas baseada no conhecimento do próprio corpo como fonte de prazer. Queremos uma educação que exponha a pluralidade das orientações sexuais. Exigimos uma educação anti-homófoba. É pelo facto de a sexualidade continuar a ser tema tabu em Portugal que as doenças sexualmente transmissíveis continuam em crescimento, que temos uma das mais altas taxas de gravidez adolescente da Europa ou que o aborto

clandestino continua a ser uma das principais causas de morte adolescente do país.

12) Que a história lésbica, gay, bissexual e transgender e da perseguição de que os/as homossexuais foram alvo ao longo dos séculos, não seja omitida do que se ensina nas escolas. Não aceitamos, por exemplo, não ser referidos entre os movimentos de libertação deste século ou que o assassinato de milhares de gays e lésbicas devido à sua orientação sexual não seja mencionada quando se estuda a Inquisição ou o Holocausto nazi.

13) A revogação imediata da portaria 29/89, de 17 de Janeiro, e da «Tabela de Inaptidões» da PSP, respetivamente do Ministério da Defesa e do Ministério da Administração Interna, que impedem o acesso de homossexuais às carreiras militar e policial e que consideram a homossexualidade como «perversão» ou «doença mental».

14) O direito à identidade transgender, nomeadamente que aos indivíduos transgender seja permitido a sua identidade de género no Bilhete de Identidade.

15) A publicação e divulgação da regulamentação que diz respeito aos processos clínicos relativos aos seguimentos terapêuticos dos indivíduos transgenders.

Sobre as uniões de facto

ILGA Portugal, 2001

Em junho de 1997, levanta-se uma polémica no Partido Socialista ao ser anunciado que a JS preparava um projeto de lei sobre uniões de facto que apenas excluía explicitamente homossexuais de adotar, incluindo-os, implicitamente, no restante projeto. A polémica foi de tal ordem que o documento nunca chegou a dar entrada no Parlamento e, no ano seguinte, o projeto da JS, que foi levado a votos e aprovado, excluía efetivamente homossexuais. A flagrante discriminação levou a várias manifestações e campanhas levadas a cabo por associações LGBT. Em 2001, dos quatro novos projetos – do PS, BE, PEV e PCP – apresentados e discutidos em comissão, sem votação prévia, são finalmente aprovados dois projetos, um sobre Uniões de Facto e outro sobre Economia Comum, com os votos dos partidos de esquerda (exceto um grupo de deputadas do PS) e quatro votos favoráveis de deputados da JSD. A aprovação do projeto de Uniões de Facto foi uma enorme conquista legal do movimento LGBT em Portugal, deixando, contudo, a nu a discriminação e as exclusões ainda por resolver relativamente à família (casamento e parentalidade) e a necessidade premente de consagrar a igualdade de homossexuais e transexuais na Constituição da República Portuguesa.

Sobre as uniões de facto

Dado o recente interesse dos meios de comunicação social pelos diversos projetos de lei sobre a regulamentação das uniões de facto que, muito em breve, serão apresentados, discutidos e votados em sede parlamentar, a ILGA Portugal, vem deste modo expor os princípios que considera deverem ser inerentes a qualquer iniciativa deste tipo, independentemente da origem partidária ou do modelo ideológico que lhes subjaz.

1) Consideramos racional e razoável que nenhum cidadão aceite de bom grado que lhe seja negado o acesso aos recursos legais necessários ao prosseguimento do seu projecto de vida, individual ou de parceria com quem escolheu viver – base indispensável à manutenção da sua auto-estima, independentemente dos juízos de valor que os outros possam emitir sobre o mesmo e desde que daí não advenham prejuízos para terceiros.

2) Somos igualmente da opinião de que está por provar que o reconhecimento legal das uniões de facto constitua só por si uma ameaça ao casamento e à família nos moldes atualmente previstos na lei.

É nossa convicção que a família, por ser uma instituição social, não existe fora da história e dos processos de mudança e diversidade que a constituem. Assim como o divórcio constituiu um debate extremado antes de ter sido aceite, até pelos seus detratores mais empenhados, também as uniões de facto se tornaram numa realidade social inquestionável, que apenas espera o enquadramento jurídico-legal que as transforme em uniões de direito.

Consideramos que o casamento e união de facto deverão constituir duas opções distintas para a parceria entre dois indivíduos e para a constituição de uma família, possibilitando assim um quadro legal mais flexível e capaz de responder à complexidade e à diversidade das relações humanas nas sociedades contemporâneas. As duas opções deverão constituir direitos usufruíveis por todas as pessoas que deles queiram fazer uso, independentemente da sua orientação sexual.

Todavia, relembramos que a própria figura da união de facto não é suficientemente abrangente face aos múltiplos tipos de relacionamentos entre duas pessoas. Estamos a pensar, nomeadamente, nas propostas surgidas em França e que visam a constituição de parcerias (partenariats) ou de "contratos de união social" entre dois indivíduos – independentemente da dimensão sexual ser constitutiva da relação – desde que os dois se comprometam, perante o Estado, a manter entre si laços de responsabilidade e apoio moral e material.

3) Infelizmente, as confusões e instrumentalizações entretanto surgidas a propósito da iniciativa da Juventude Socialista – explorando o preconceito em torno da homossexualidade e/ou do fantasma do "casamento" homossexual –, vêm confirmar a posição há muito defendida pela ILGA Portugal: a necessidade de salvaguardar no artigo 13º da Constituição da República Portuguesa (C.R.P.) a não discriminação em função da orientação sexual. A resistência dos grupos parlamentares a esta proposta, a não inclusão desta premissa fundamental no projeto da JS e o desprezo generalizado pelas recomendações do Parlamento Europeu, em matérias dos direitos dos homossexuais, conduziram, simultaneamente, a um vazio legal em relação a esses mesmos direitos e à instrumentalização de homossexualidade como arma de arremesso preconceituosa contra a legalização das uniões de facto para a generalidade da população, aliás, tanto quanto se sabe, maioritariamente heterossexual. Também aqui fica por provar que a restrição da liberdade de alguns resulte efetivamente numa maior liberdade para a maioria.

4) Estas considerações não impedem que a ILGA Portugal considere que a proposta da JS é oportuna e que constitui um ponto de partida fundamental para uma discussão que venha a incluir, explicitamente, as preocupações dos cidadãos homossexuais portugueses, não por estas exigirem direitos especiais, mas por considerarem que o princípio da igualdade de direitos não tem sido, nem de longe nem de perto, devidamente consignado na lei. Assim, chamamos a atenção para a nossa discordância face a alguns pontos da proposta da JS, bem como para outras questões que a mesma não aborda:

a) O acesso à união de facto não deve estar condicionado a qualquer período prévio de duração do relacionamento entre duas pessoas, contrariamente ao período de dois anos que a JS considera necessários. Tratando-se de uma noção consciente e tendo um enquadramento legal, não nos parece aceitável que o Estado julgue da boa fé dos cidadãos contratuantes, por via da exigência de um período probatório.

b) Não consideramos que os centros Regionais de Segurança Social sejam de todo indicados para o registo das uniões de facto. Este deveria ter lugar em sede de registo notarial, única forma de garantir a dignidade e o reconhecimento públicos, implícitos a um contrato entre dois indivíduos.

c) A proposta da JS só refere explicitamente questões de orientação sexual quando se trata de impedir o exercício dos direitos de adoção por parte de pessoas do mesmo sexo numa união de facto. Aliás, foi tão-só o enunciar desta restrição que levantou a questão das uniões entre homossexuais, facto que acaba por reforçar o já exposto no ponto 3 desta nossa declaração (referente à alteração do Art. 13º da C.R.P).

A ideia de que o direito à adoção por parte de pessoas do mesmo sexo depende de uma quimérica mudança das mentalidades constitui um argumento falacioso, pois o mesmo poderia ser dito, em relação à legalização das uniões de facto, pelos seus detratores.

Reconhecemos que é neste ponto que se pode contra-argumentar com direitos de terceiros, em particular das crianças. Contudo, está por provar – uma vez mais e nomeadamente através de uma análise das experiências de outros países –, que as capacidades de cada um, no domínio da paternidade e da maternidade, dependam da sua orientação sexual.

d) Decorrendo dos princípios por nós defendidos e em tudo o que se relacione com os direitos à reprodução e ao exercício da maternidade e paternidade, uma lei sobre as uniões de facto terá que levar em consideração a garantia e a regulação do recurso à inseminação artificial. Neste capítulo, a ILGA manifesta a sua discordância face a um recente parecer da Comissão da Ética para as Ciências da Vida que, sem qualquer justificação, exclui os casais homossexuais do acesso às novas tecnologias reprodutivas.

4ª Marcha VIH/SIDA
ILGA Portugal, 2001

O movimento LGBT em Portugal está profundamente associado ao combate à SIDA, no qual teve origem: «O movimento associativo português, mas, de modo mais geral, a visibilidade de uma comunidade gay que tem nele um dos seus pilares (e que, logo, não se encontra completamente constituída sem ele), ganha impulso no seio de um processo mais vasto de combate à epidemia de sida e em cuja dinâmica começa por se integrar, dela tirando partido de forma notável, antes de se poderem vir a autonomizar dela, constituindo a sua própria.» [26] O processo de emancipação e apropriação de uma dinâmica específica não afastou, contudo, as associações LGBT surgidas na segunda metade dos anos 1990 da problemática da SIDA, da saúde sexual e reprodutiva, e da política sexual. Logo em 1997, a 4 de maio, a recém-formada Associação ILGA Portugal organizou a Primeira Marcha em Memória e Solidariedade para com as Pessoas Afetadas pelo VIH/SIDA, marcha que se repetiu por várias edições. Em 19 de maio de 2001, na Quarta Marcha, foram lançadas 4.424 balões a simbolizar as mortes ocorridas até ao início daquele ano.

4ª Marcha VIH/SIDA

Uma voz, muitos rostos... unidos para a vida.

Pela quarta vez no nosso país, na cidade de Lisboa, é levada a cabo a Marcha em Memória e Solidariedade para com as pessoas afectadas pelo VIH/SIDA.

Esta Marcha, integrada na décima oitava International AIDS Candlelight Memorial, foi trazida para o nosso país pela Associação ILGA Portugal, há quatro anos, não só por entendermos que deveriamos unir este país a uma movimentação mais alargada de luta contra a SIDA, através de um evento simbólico de rua, cujas palavras de ordem são a solidariedade e a memória, mas sobretudo por entendermos que em Portugal uma série de questões continuam a persistir (e outras insistem em surgir), que requerem um alerta bem sonoro e visível e um tratamento urgente adequado.

Sendo assumidamente uma Associação que tem como público alvo do seu trabalho as populações gay, lésbica, bissexual e transgender, a Associação ILGA Portugal desde sempre entendeu que o seu trabalho não podia ficar por aqui e que a criação de situações de solidariedade e de alerta, nomeadamente na área do VIH/SIDA, na área da luta contra a discriminação – seja ela qual fôr – ou na área dos direitos humanos em geral, era algo que poderia e deveria caber nos seus planos e nas suas actividades.

Uma voz, muitos rostos... unidos pela vida.

Chegámos recentemente ao século XXI e ao 2º milénio, outrora horizontes de tantas esperanças e de inúmeras imagens de um

---

[26] Fernando António Cascais, op. Cit., p. 117.

desenvolvimento integrado para todo o globo. Nessas imagens de um futuro promissor, a humanidade via erradicadas nomeadamente todas as doenças, todas as guerras, todos os atentados à saúde do meio ambiente e todas as formas de exclusão dos seres humanos, numa perspectiva coerente de um progresso aliado a um desenvolvimento humano e justo.

Temos infelizmente que verificar que esse futuro promissor foi ultrapassado, não está a ser cumprido e que essas imagens estão longe da realidade que hoje temos.

No que diz respeito ao VIH/SIDA temos que nos confrontar com o facto de já termos vivido pelo menos duas décadas de uma pandemia que nos levou centenas de milhares de pais, de mães, de filhos, de irmãos, de amigos e de entes queridos, pandemia esta que parece teimar em lutar contra tudo e contra todos, apesar dos esforços que alguns insistem em levar a cabo na luta contra este flagelo.

Esta é a 4ª Marcha que realizamos em Portugal, e, infelizmente, nem tudo o que devia ter mudado mudou neste últimos quatro anos.

Infelizmente, neste discurso, trazemos a repetição de ideias que já trouxemos anteriormente a esta Marcha e que continuam actuais:

1) Portugal continua na sua cruzada em direcção ao 1º lugar na Europa no que diz respeito à taxa de infecção e parece continuar a querer estar nesses lugares dianteiros, com o consentimento de sucessivos governos tímidos, que resistem em considerar a luta contra a SIDA como uma prioridade nacional.

2) A prevenção da infecção junto dos jovens nas escolas e na sociedade em geral, tal como a educação sexual, absolutamente necessária para uma mudança radical de mentalidades e práticas pouco saudáveis que continuam a vigorar apesar de toda a informação sobre o VIH /SIDA, continua a não ser uma prioridade para governos e classes políticas, salvas as raras excepções pontuais, muitas vezes contra tudo e contra todos.

3) O apoio a projectos de luta contra o VIH/SIDA, que procuram trabalhar ao lado do Estado e para lá daquilo que o Estado pode alcançar, continua a não ser suficiente e muitas das vezes a desprezar as mais valias já conseguidas por Associações e Grupos que já têm anos de trabalho realizado com sucesso.

4) Os centros de rastreio anónimo e gratuito para o País inteiro continuam a poder ser contados pelos dedos: apesar do esforço para prestarem um acompanhamento condigno e integrado aos cidadãos, estes serviços continuam a estar centralizados nos grandes centros urbanos e a terem um nº manifestamente insuficiente.

5) As políticas implementadas pelo Instituto Português do Sangue quanto à selecção dos dadores, embora oficial e publicamente declaradas como não discriminatórias, continuam na prática a sê-lo e a prejudicar a qualidade do sangue recolhido.

6) Continua-se a teimar na noção de grupos de risco em detrimento da noção de comportamentos de risco: assiste-se por conta desta ideia, por exemplo, a um aumento vertiginoso da infecção em mulheres heterossexuais,

condenando à nascença muitas das vezes ideias como a da prevenção dentro do próprio casamento ou das supostas "relações estáveis".

7) As seguradoras, os bancos e as entidades patronais continuam, sem pudor e com o consentimento das autoridades e da lei vigente, a discriminar os seropositivos, considerando-os como inaptos sem futuro, apesar das novas terapias e das possibilidades que as mesmas já atribuiram a esses cidadãos e cidadãs, de forma a terem uma vida com futuro, produtiva e equiparável à dos cidadãos seronegativos.

8) Os utilizadores de droga, apesar das declarações em contrário, e apesar das recentes e supostamente inovadoras salas de chuto, continuam sem acesso atempado a programas e a meios terapêuticos adequados, muitas vezes graças aos preconceitos activos de uma fatia substancial da nossa classe médica que trata de forma diferente e discriminatória os seus pacientes.

9) Nos últimos anos temos assistido a uma redução da taxa de mortalidade graças aos novos fármacos que trazem alguma esperança e qualidade de vida aos seropositivos. No entanto, por todo o mundo, e Portugal não será excepção, o lobby das farmacêuticas, e outros por vezes ainda mais obscuros, impedem um desenvolvimento mais rápido de tratamentos mais eficazes e de uma possível cura ou vacina, e dificultam o acesso do tratamento a todos os cidadãos e cidadãs infectadas pelos quatro cantos do mundo.

11) As Organizações Não-Governamentais que muitas vezes procuram complementar o trabalho que é em primeiro lugar da responsabilidade do Estado, e têm muitas vezes um contacto mais próximo com a realidade e com as pessoas afectadas pelo VIH/SIDA, não têm sido devidamente consultadas nem auscultadas na elaboração e implementação das políticas nacionais respeitantes à evolução da pandemia no nosso País.

12) As várias comunidades e grupos específicos (como são, por exemplo, os jovens, a mulheres heterossexuais e as mulheres lésbicas, as comunidades estrangeiras residentes em Portugal, os utilizadores de droga, a população homossexual masculina, a população heterossexual masculina, os trabalhadores do sexo, etc.) continuam a não ter uma mensagem que lhes é dirigida frontalmente, e continuam a ter que ler nas entrelinhas de um discurso que supostamente é dirigido a todos, mas que pressupõe uma população estereotipada e com costumes culturais idênticos, tudo isto em nome de uma suposta "mentalidade portuguesa" e da "moral e dos bons costumes."

É, sem dúvida, tempo de mudança!

Uma Voz, muitos rostos... unidos pela vida.

Uma voz porque, apesar da diversidade das vozes com que nos expressamos (as vozes dos que já morreram, as vozes dos que estão vivos, as vozes dos que estão doentes, as vozes dos que foram injustamente ignorados, as vozes dos que não querem ser infectados, as vozes dos que não quiseram mas foram afectados, as vozes da famílias, as vozes dos prestadores de serviços na área da saúde, as vozes dos amigos, etc, etc, etc) é com um só grito de basta que estamos aqui unidos contra o VIH/SIDA.

Muitos rostos porque não existe uma face única do VIH/SIDA: esta pandemia está espalhada pelo mundo inteiro e os vírus que a propagam não escolhem idades, classes sociais, estados civis, nacionalidades, orientações sexuais, etnias, comunidades ou outras especificações que espelham a diversidade da raça humana: só a estupidez, a falta de informação e a má vondade podem ignorar esta realidade.

Unidos para a vida porque só a força de um só grito em coro, que afirma a existência de 36 milhões de pessoas infectadas pelo VIH/SIDA e o desaparecimento de 16 milhões de pessoas até a esta data por todo o mundo, assim como o desaparecimento de 4.424 pessoas em Portugal até Janeiro de 2001, pode abrir um caminho de esperança, onde a vida de cada indivíduo é encarada como algo sem preço e insubstituível.

"Uma voz, muitos rostos...unidos pela vida" porque afinal esta 4ª Marcha em Memória e Solidariedade Para Com As Pessoas Afectadas Pelo HIV/SIDA é sobretudo uma marcha de esperança!!!

Sexo, Mentiras e Cidadania
Teresa Pizarro Beleza, 2002

«Os avanços (e recuos) legislativos no que aos direitos das pessoa LGBT diz respeito, dependeram da formulação da própria homossexualidade (e da transexualidade) como categorias válidas e reconhecidas na sociedade. Para que tal sucedesse, dois passos preliminares foram fundamentais: no plano médico a despatologização e no plano jurídico a descriminalização», relembra Miguel Vale de Almeida.[27] Só em 1982, oito anos após a revolução de 25 de abril, foi despenalizada a homossexualidade em Portugal, com a revogação do art.º 71 do Código Penal, que mantinha as punições provenientes do Código de 1886. No entanto, na mesma revisão, foi introduzido no art.º 207 o crime de «homossexualidade com menores». Revisto em 1998 – e declarado inconstitucional em 2005 –, o novo art.º 175 introduzia uma diferença na idade de consentimento: 14 anos para atos heterossexuais, 16 anos para atos homossexuais; diferenciação que, à época, já ia contra a deliberação da Comissão Europeia de Direitos Humanos, que, em 1997, a considerava uma violação de direitos humanos. Nesta percurso longo em direção à igualdade, recheado de atrasos e recuos, a inclusão da orientação sexual como critério de igualdade e de não discriminação na Constituição da República Portuguesa teve um significado particular e um papel fundamental no ativismo LGBT. Exigido durante anos por partidos políticos – como o Partido Os Verdes – personalidades da sociedade civil e por associações LGBT (era a mais antiga reivindicação da Associação ILGA Portugal), a revisão só foi aprovada aquando da VI Revisão Constitucional, em 2004, «trinta anos depois do 25 de abril e vinte e dois anos depois de a homossexualidade entre adultos ter deixado de ser crime em Portugal...»[28]

Sexo, Mentiras e Cidadania

Dedico este texto a António Botto, a Adrienne Rich, a Eugénio de Andrade. A Oscar Wilde, a Virginia Woolf e a Gertrude Stein. E ainda a Anabela Rocha e Miguel Vale de Almeida.

Está em aberto na Assembleia da República um processo de revisão constitucional. Ainda que neste momento ele pareça em hibernação, julgo que pode e deve voltar à agenda politico-mediática. Não pelo aparente centro – a reforma do sistema político – mas pelas aparentes margens, que são, como habitualmente, o caminho por onde se pode encontrar o verdadeiro centro. Refiro-me aos direitos fundamentais, mais especificamente ao direito à não discriminação baseada na identidade ou orientação sexual.

---

[27] Vale de Almeida, Miguel. (2010). *O contexto LGBT em Portugal. Estudo sobre a discriminação em função da orientação sexual e da identidade de género.* Lisboa: CIG. p. 46.
[28] ILGA Portugal. *Associação ILGA Portugal manifesta o seu regozijo pela inclusão da Orientação Sexual no Artigo 13º da Constituição da República Portuguesa.* 22 de abril de 2004.

Movimentos defensores dos direitos de gays e lésbicas têm reivindicado a inclusão expressa dessa mesma proibição de discriminação.

Vou aqui tentar explicar as razões que me levam a entender como necessária, justa e mesmo imperativa essa explicitação.

Todas as Declarações mais ou menos "universais" de direitos, na Modernidade, proclamaram regras de igualdade, ou de não discriminação. Mas os "All men [que] are born equal..." (Declaração da Virgínia), ou os "Citoyens" da Revolução Francesa, ou mesmo os sujeitos das leis eleitorais da nossa I República, excluíam implícita ou explicitamente a maioria dos seres humanos. As mulheres. Os pobres. Os índios, os "selvagens", os "negros".

Nas leis e nas práticas, discursivas ou "reais", antes e depois, a exclusão selectiva existiu e prosseguiu, sistemática ou arbitrariamente. Os homossexuais foram, historicamente, uma das mais recentes categorias pejorativas segregadas neste processo longo e complexo de divisão do mundo entre os bons e os maus, os virtuosos e os pecadores, os rectos e os desviados. Dos heterossexuais, naturalmente, não é preciso inquirir. É suposto que constituem a normalidade (estatística, logo natural, logo verdadeira).

E a Humanidade, que obviamente não tem conserto nem concerto, vai-se encarregando todos os dias de criar novos senhores e novos párias. Palestinianos. Judeus. "Terroristas". "Heróis". Hutus. Tutsis. Crioulos. "Brancos" de primeira, de segunda ou de terceira. Kosovares, macedónios, tchetchénios, ou o que seja. O catálogo é interminável.

Não, não creio que na vida real, pura e dura, escravo e senhor, carrasco e vítima sejam intermutáveis e sofram o mesmo. Mas sei, ou julgo saber, que uma pessoa que oprime é tão pouco ou até menos livre do que aquela que é por ela oprimida.

As nossas Constituições foram, desde a preocupação com a abolição da discriminação baseada na nobreza por nascimento, caminhando na abertura ou fechamento do catálogo dos fundamentos expressamente proibidos de discriminação, consoante o tempo e as vontades, mas sobretudo consoante a consciência política dominante e as hegemonias bem ou mal pensantes do momento. A comparação sistemática de todos os textos constitucionais (é fácil fazê-la: há várias edições no mercado livreiro, por exemplo a de Jorge Miranda) torna óbvio o processo nada linear, mas com avanços e recuos, que foi positivando ou desregulando o que hoje chamamos direitos humanos, ou direitos fundamentais, ou direitos de cidadania. As juristas atribuem significados técnicos diferentes a estas expressões, bem o sei, mas isso é, neste contexto, irrelevante.

É comum afirmar-se que o artº 13 da Constituição da República não precisa de ser revisto, designadamente no que a homossexuais respeita, porque o seu elenco de fundamentos proibidos de discriminação é exemplificativo, aberto e, por isso mesmo, potencialmente omnicompreensivo.

Discordo em absoluto: ele precisa de ser revisto, sim, exactamente pelas mesmas razões (ou por razões simétricas, que é outra forma de serem idênticas) que levaram as Assembleias com poderes de revisão constitucional a explicitar o papel imprescindível dos pais (esquecendo, curiosamente, a polissemia desta palavra no próprio texto constitucional), ao lado do das mães. Ou a necessidade de o Estado promover activamente a igualdade de oportunidades, como agora sói dizer-se, no que às mulheres ou às regiões do interior do país diz respeito. O argumento patético "ad absurdum" da consequente necessidade de proibição explícita de discriminação segundo a cor dos olhos ou o clube de futebol (quem sabe, qualquer dia talvez seja precisa esta última) é simplesmente pueril – sem ofensa para as crianças – e como tal indigno de discussão.

A construção combativa, orgulhosa e tantas vezes sofrida de uma identidade homossexual – ou, mais correctamente, gay ou lésbica – com conotações "positivas" foi e é, em meu entender, um passo essencial para a conquista de direitos básicos, "legais" ou "sociais". De igualdade. De não discriminação. De dignidade. De auto-estima. De levar uma vida "normal". De poder, simplesmente, andar na rua, em casa ou no trabalho, de cabeça erguida, sem medo.

Agora, senhores deputados e senhoras deputadas, chegou a altura de perceberdes que tarda já o momento de afirmar, preto no branco, que acreditais realmente no que tanto apregoais, quase todos vós, sem excepção: que todas as pessoas nascem livres e iguais, mas que é preciso que a liberdade e a igualdade não sejam mera declaração de piedosas ou sinistras intenções. Coragem. Ireis ver que não dói nada e, quem sabe, aliviar-vos-á a consciência.

Acredito que um dia as pessoas poderão viver a sua afectividade e a sua sexualidade, combinadas ou autónomas, sem precisarem de qualquer letreiro na testa ou de qualquer estrela no peito. Quando pudermos, cidadãs e cidadãos, fazê-lo sem que ninguém tenha coisa alguma a ver com isso, então seremos verdadeiramente livres. E iguais, na liberdade para a diferença. Sem centro nem margens. Sem hierarquia nem dependência. Eu sei que é difícil de entender e de explicar, mas é assim que penso. Lamento não conseguir ser mais clara.

Esta é uma das minhas utopias, mas como todas as utopias precisa de estudo, empenho, trabalho, esforço e luta. "Trabalha como se tudo dependesse de ti e confia em Deus como se tudo dependesse d'Ele". Não sei quais seriam as preferências sexuais de Santo Inácio, nem elas me interessam. Mas o belíssimo lema serve a qualquer crente ou ateia e a qualquer causa de construção e desconstrução – e mesmo reconstrução – de dicotomias (bem, a quase todas). Ou de categorias não dicotómicas – é claro que somos todos ("nós, europeus") filhos de Aristóteles, mas consta que também anda por aí, insidioso, algum ADN de Platão. A leitura de Michel Foucault ("As palavras e as coisas") pode ajudar a entender estes mistérios.

Com a mudança constitucional que defendo, expressando o que hoje alguns dirão estar implícito (sempre se afligindo com os "limites" e os "abusos", coisa que parece povoar os maus sonhos das boas consciências), a nossa República será mais democrática, menos exclusiva e por isso mesmo mais genuína. Mais legítima. Com a contribuição inestimável e imprescindível daqueles e daquelas que deram a cara, o sossego das suas vidas, do seu emprego e mesmo dos seus afectos, em sacrifício tantas vezes heróico, e a quem aqui presto sentida e profunda homenagem. Mas também dos que tiveram de se esconder, sofreram a humilhação, a tortura, a prisão ou a morte, ao longo da história e na nossa contemporaneidade, tantas vezes em nome da Lei, acossados pelos preconceitos de gente cega e fundamentalista, que pensa que o Amor pressupõe dois sexos opostos e nem sequer se apercebe de que a agora tão celebrada "complementaridade" é um sucedâneo "aggiornato" e mal escondido da tradicional e ortodoxa hierarquia e dependência entre homens e mulheres. Ou que, se o supostamente feminino e o supostamente masculino fazem parte da Vida, qualquer deles e mesmo ambos podem incarnar num homem ou numa mulher. É também esse um dos mistérios da Criação. Ou do "Big Bang", tanto faz.

Orientação Sexual na Constituição

ILGA Portugal, 2004

"Não façam do 13 um 31" foi o mote da primeira campanha política da ILGA Portugal, iniciada logo em 1997, propondo a revisão constitucional, de modo a incluir a orientação sexual como fator de não discriminação. Nesse mesmo ano, o Partido Os Verdes apresentou uma proposta de revisão do art.º 13, que foi rejeitada pelos votos do PSD e PP, com a abstenção do PS, refletindo o clima político da época e a baixa importância que a maioria parlamentar dava às questões da igualdade e direitos humanos. Mesmo as resoluções aprovadas no Parlamento Europeu, entre 1994 e 1996 – *Resolution on Equal Rights for Homosexuals and Lesbians in the EC*: A4-0223/96, A4-0112/97 e A4-0034/98 – ou a consagração da não discriminação com base na orientação sexual expressa no Tratado de Amesterdão, encontram sempre grande resistência no contexto político português, sendo continuamente adiada a sua adoção e transposição. O enquadramento político e jurídico só viria a ser alterado a partir do início do século XXI, como no o caso da transposição da diretiva de não discriminação com base na orientação sexual, em 2003, aquando da revisão do Código do Trabalho. Em 2004, no culminar de uma campanha de anos e de uma ronda de audiências parlamentares levadas a cabo pela ILGA Portugal, a Assembleia da República aprova, por unanimidade, a inclusão da orientação sexual no art.º 13 da Constituição da República Portuguesa: «Princípio da igualdade. 1. Todos os cidadãos têm a mesma dignidade social e são iguais perante a lei. 2. Ninguém pode ser privilegiado, beneficiado, prejudicado, privado de qualquer direito ou isento de qualquer dever em razão de ascendência, sexo, raça, língua, território de origem, religião, convicções políticas ou ideológicas, instrução, situação económica, condição social ou orientação sexual.» Mantém-se, contudo, a desigualdade noutros campos, nomeadamente nos direitos relacionados com a identidade de género (que não é incluída no texto revisto que foi aprovado), os crimes de ódio, e no que respeita a família, cujo modelo de conjugalidade e paternidade se mantem confinado à heterossexualidade.

Orientação Sexual na Constituição

Foi hoje [22 de abril de 2004] aprovada na Assembleia da República a inclusão da Orientação Sexual no artigo 13º (Princípio da Igualdade) da Constituição da República Portuguesa, artigo este que enumera as razões pelas quais "[n]inguém pode ser privilegiado, beneficiado, prejudicado, privado de qualquer direito ou isento de qualquer dever (...)".

A inclusão da Orientação Sexual no artigo 13º da Constituição foi a reivindicação política mais antiga do Movimento Lésbico Gay Bissexual Transgénero português, numa iniciativa da Associação ILGA Portugal que remonta ao ano de 1997.

Com efeito, foi sobre esta matéria que nesse ano se centrou a primeira campanha política efectuada pela Associação ILGA Portugal, intitulada "Não façam do 13 um 31", aquando da antepenúltima revisão da Constituição.

Apesar de no decurso da revisão de 1997 o Partido Ecologista "Os Verdes" ter proposto semelhante alteração ao artigo 13°, até hoje nunca tinha sido reunido o entendimento necessário entre os partidos com assento parlamentar para viabilizar esta alteração.

Tendo tomado conhecimento da existência de novos projectos de revisão da Constituição que incluíam propostas nesse sentido feitas por diversos partidos – Bloco de Esquerda, Juventude Socialista, Partido Comunista Português e Partido Ecologista "Os Verdes" –, a Associação ILGA Portugal tomou a iniciativa de solicitar audiências a todas as forças partidárias com assento parlamentar e às respectivas juventudes partidárias.

Ao longo dos últimos meses realizámos uma ronda de audiências com forças partidárias de todo o espectro político no sentido de as sensibilizar para a necessidade da alteração da redacção do n° 2 do art. 13° da CRP de modo a incluir a Orientação Sexual, bem como a Identidade de Género.

Fundamentámos a nossa proposta com ampla documentação e relembrámos-lhes que o art. 13° do Tratado de Amesterdão, que Portugal ratificou, consagra a não discriminação em função da orientação sexual.

Na semana passada, tendo conhecimento de que se avizinhava o fim do processo de revisão da Constituição da República Portuguesa, a Associação ILGA Portugal enviou a todos os grupos parlamentares um apelo para que produzissem o entendimento necessário para viabilizar esta alteração no Artigo 13° da Constituição.

Trinta anos depois do 25 de Abril e vinte e dois anos depois de a homossexualidade entre adultos ter deixado de ser crime em Portugal, a Associação ILGA Portugal felicita os partidos políticos que viabilizaram a inclusão da Orientação Sexual no art. 13° da CRP. Assim, a nossa República será menos discriminatória e, citando a Prof. Doutora Teresa Pizarro Beleza, "...mais democrática, menos exclusiva e por isso mesmo mais genuína. Mais legítima."

O casamento
Luís Grave Rodrigues, 2005

A 16 de janeiro de 2005, o advogado Luís Grave Rodrigues escreve um *post* no seu blogue *Random Precision*, argumentando em defesa do casamento civil para casais do mesmo sexo. Meses mais tarde, após a divulgação do texto pela comunicação social, o advogado foi abordado por um casal de lésbicas, Teresa Pires e Helena Paixão, e, em conjunto, iniciaram o processo, legal e mediático, que visava criar jurisprudência e acabar com a exclusão. Impulsionado para a opinião pública a 1 de fevereiro de 2006, com a primeira tentativa, recusada, que Teresa e Helena fizeram para casarem na 7ª Conservatória de Lisboa, o processo seguiu para o Tribunal da Relação, para o Supremo Tribunal de Justiça e para o Tribunal Constitucional. O longo percurso só viria a ser concluído com a mudança legislativa de 2010 e, a 7 de julho desse mesmo ano, Teresa Pires e Helena Paixão tornaram-se o primeiro casal do mesmo sexo a casar, em Portugal.

O casamento[29]

O Código Civil define o casamento como "um contrato celebrado entre duas pessoas de sexo diferente que pretendam constituir família mediante uma plena comunhão de vida." As principais consequências jurídicas deste contrato para as pessoas que o celebram são, como é óbvio, de ordem pessoal e patrimonial: a) Para além de constituir a "fonte da relação jurídica familiar" com consequências no nascimento de laços de afinidade com os parentes do outro cônjuge, o casamento tem fortes repercussões na esfera patrimonial dos seus contratantes (que são distintas consoante o regime de bens adotado e as convenções antenupciais celebradas), tornando os cônjuges automaticamente herdeiros um do outro; b) Obriga ainda os cônjuges, no âmbito de uma rigorosa igualdade, ao cumprimento recíproco dos "deveres conjugais": respeito, fidelidade, coabitação, cooperação e assistência; c) Finalmente, acarreta outras consequências indiretas, como a possibilidade de sucessão no arrendamento, em caso de morte do cônjuge em nome de quem estava celebrado o contrato de arrendamento da casa onde o casal vivia, ou o direito à pensão de reforma ou aposentação do cônjuge falecido.

Vem isto a propósito da polémica que incessantemente rodeia a possibilidade do casamento entre pessoas do mesmo sexo, e que ultimamente tanto espaço mediático ocupa em Espanha e que em breve, depois das eleições, voltará à ordem do dia em Portugal. Confesso que me custa a entender a posição daqueles que persistem em impedir liminarmente o casamento entre pessoas do mesmo sexo. Nem entendo que possam existir objeções de ordem moral, ética ou religiosa, já que nunca vi ninguém a defender a "obrigatoriedade" do casamento entre pessoas do mesmo sexo, ou a defender que ele se aplique ao casamento religioso. Acho que, num Estado verdadeiramente laico, o problema da extensão do casamento a pessoas do

---

[29] Publicado no blogue Random Precision.

mesmo sexo deveria ser colocado somente numa exclusiva e estrita ótica jurídica. Até porque, se na maior parte das situações estaremos a falar de dois homens ou duas mulheres que vivem, como diz a lei, "em condições análogas às dos cônjuges", casos haverá em que poderemos estar perante, por exemplo, dois irmãos de avançada idade que sempre viveram juntos, ou uma velha senhora e a sua "governanta" de 50 anos, que queiram – e estão no direito – de assegurar alguma forma de juridicidade ao seu longo relacionamento, de onde o sexo até está afastado.

O que é mais estranho na posição de quem não admite o casamento de duas pessoas do mesmo sexo, é que grande parte das consequências jurídicas que, do plano patrimonial, decorrem do casamento civil podem já ser obtidas, uma a uma e isoladamente, quer através de beneficiação mútua em testamentos, quer pela celebração de contratos específicos. Deste modo e, repito, de um ponto de vista estritamente jurídico, a questão do casamento entre duas pessoas do mesmo sexo resumir-se-ia no plano patrimonial a conferir acolhimento legal (nem que fosse por meras questões de ordem prática e de comodidade) a um único contrato que incluísse todos os que são celebrados separadamente. E que, claro, também vinculasse contratualmente quem o celebra ao cumprimento dos mesmos deveres que, do ponto de vista pessoal, necessariamente decorrerão.

Porquê proibir então a celebração de um tal contrato? Será que é somente porque a palavra "casamento" aplicada a um contrato celebrado entre duas pessoas do mesmo sexo pode ferir a "moral burguesa"?

Então que se afastem já todos os obstáculos a quem quer livremente associar-se e "constituir família em plena comunhão de vida" com alguém do mesmo sexo: mude-se o nome ao contrato! Chamemos-lhe, por exemplo, "Contrato de Comunhão de Vida", "Contrato de Associação Familiar", ou outro nome qualquer.

Assim já está bem? Será que a discussão de todo este problema é afinal meramente... semântica? Claro que não!

O problema é bem outro: passa exclusivamente pela convicção que algumas pessoas têm de que se determinam a sua própria vida de acordo com as opções sociais, éticas ou religiosas que entenderam por bem adotar, o que, como é óbvio, lhes é perfeitamente legítimo, também se acham no direito de impor esses mesmos valores às outras pessoas. O que já é completamente inadmissível.

Que estranha legitimidade é essa que dá a um habitante de Bragança a possibilidade de impedir que duas pessoas do mesmo sexo que vivem em Faro, se associem em comunhão de vida?

Se virmos bem, a questão do "casamento homossexual" – com esse nome ou com outro – passa antes de mais pelo reconhecimento de que ele constitui uma das mais básicas e fundamentais liberdades individuais dos cidadãos. Tão importante como, por exemplo, a liberdade religiosa, é o direito a um cidadão determinar a sua própria vida. Porque uma coisa é certa: em nenhum país a democracia estará plenamente afirmada enquanto não for reconhecido esse direito!

Viseu, cidade aberta?

Olho Vivo/Panteras Rosa30, 2005

Entre 2004 e 2005, vários gays são vítimas de ataques homofóbicos organizados, em Viseu: «Ameaçavam com pancada e repetiam "os paneleiros hádem morrer todos, havemos de correr com eles daqui para fora".»[31] Perante a falta de resposta das autoridades oficiais, é feita denúncia pela comunicação social nacional. A existência, e persistência, dos crimes de ódio na cidade levam à convocação de uma manifestação em Viseu, mobilizada pela recém-criada associação Panteras Rosa, Frente de Combate à LesBiGayTransFobia, e pela Olho Vivo, Associação para a Defesa do Património, Ambiente e Direitos Humanos. A manifestação *Stop homofobia*, marcada para o centro de Viseu, em maio de 2005, é a primeira grande manifestação nacional contra a homofobia, envolvendo as associações LGBT existentes à época. O caso trouxe visibilidade nacional para a existência da homofobia e de crimes de ódio dirigidos a homossexuais, e dá origem a um debate mais alargado e à entrega, na Assembleia da República e na Presidência da República, de assinaturas com vista à oficialização do Dia Mundial de Luta Contra a Homofobia e Transfobia, que se celebra a 17 de maio.

Viseu, cidade aberta?

Há largos meses que Viseu se distingue no mapa nacional por agressões sistemáticas com motivação homofóbica. As ruas da cidade, as praças e parques públicos são frequentemente percorridos (segundo relatos das vítimas, transeuntes e moradores locais), por um grupo significativo de indivíduos, muitas das vezes armados não só com armas consideradas "brancas", mas também com armas de fogo. A motivação subjacente aos actos deste indivíduos é aquilo que vulgarmente se chama de "limpeza moral".

Os sujeitos têm desenvolvido agressões sistemáticas, algumas denunciadas pela comunicação social, a todos os cidadãos que – sabe-se lá o critério – identificam como homossexuais. Segundo as queixas que temos recebido, agressão física, danificação de propriedade, ameaças com armas de fogo, casos de tortura, de tudo um pouco figura no currículo deste grupo organizado, aparentemente composto por jovens de classe abastada, que parecem ter beneficiado da maior impunidade até ao momento em que alguns órgãos de comunicação social deram atenção ao que sucedia.

Os núcleos de Viseu do movimento Panteras Rosa e da associação Olho Vivo vêm hoje denunciar que estes ataques continuam a ocorrer. Já depois do relato de agressões pela imprensa e mesmo depois de sete dos agressores terem sido identificados pela PSP, tiveram lugar, pelo menos, três novas

---

[30] Olho Vivo – Associação para a Defesa do Património, Ambiente e Direitos Humanos; Panteras Rosa – Frente de Combate à Homofobia. 22 de março de 2005.

[31] Fernanda Câncio. *Os paneleiros "hádem" morrer todos*. Diário de Notícias. 26 de março de 2005.

agressões, enquanto se multiplicam as ameaças de morte, anónimas, a quem ousou apresentar queixa junto das autoridades.

Às pessoas que têm sido agredidas, heterossexuais e homossexuais, queremos disponibilizar o nosso total apoio, e apelar a que não se remetam ao silêncio: dêem a conhecer as situações de que foram alvo, nomeadamente às autoridades competentes. Apelamos ao surgimento de novas queixas-crime, para além das que sabemos que estão já em curso de apresentação. Não só confiamos, pelo menos até prova contrária, na isenção e actuação do sistema judicial, como, no que depender dos nossos colectivos, a totalidade deste gang será identificada, julgada e feita justiça, porque as várias situações de agressão chegarão aos tribunais.

À população de Viseu queremos manifestar o nosso apoio na exigência de uma cidade aberta a todos os cidadãos e cidadãs, e a nossa solidariedade na reivindicação de uma cidade segura para quem nela habita. Hoje, o alvo deste grupo são os supostos cidadãos homossexuais. Amanhã, quem sabe que outras características podem ser alvo desta discriminação? Aberto o princípio da impunidade, somos todos e todas alvos potenciais de agressão, sendo portanto natural que todos os viseenses se sintam ameaçados por esta violação do Estado de Direito.

Não podemos deixar de afirmar que perante estes factos, a passividade e a inércia prolongadas – neste caso de instituições e responsáveis locais – são uma forma de cumplicidade e anuência:

Ao presidente da Câmara Municipal de Viseu, desejamos perguntar porque é que tendo conhecimento de, pelo menos, parte das agressões, entendeu, ao longo de tanto tempo, não comunicar com as forças policiais sobre estas situações? Dirá que não é sua obrigação formal. Mas será certamente sua obrigação ética procurar informar-se e agir sobre uma situação que coloca em causa as liberdades, direitos e garantias dos cidadãos viseenses.

Às forças policiais de Viseu e ao Governador Civil de Viseu, perguntamos porque é que se permite que este bando continue a actuar? Porque gozam estas pessoas de tal liberdade de movimentos em pleno centro de Viseu? Porque é que após largas dezenas de ataques houve vítimas que chamaram a polícia e esta não só não veio – e estava bem perto, a dois minutos a pé – como apenas respondia interrogando o que estavam ali a fazer àquela hora? Porque é que a PSP teve oportunidade de assistir a uma perseguição bem junto da sua esquadra e, querendo o perseguido apresentar queixa, deixou ir embora os que o perseguiam sem tentar identificar quem eram?

Aos agressores, queremos afirmar a falência da sua pretensão de "limpeza moral" de Viseu, e o fim da sua impunidade: já não vivemos no Portugal de há uns anos, em que as violações dos direitos humanos tinham apoio institucional, em que a liberdade de expressão estava proibida e a defesa dos direitos democráticos e de cidadania era criminalizada. Já não vivemos no Portugal de há uns anos em que estes casos tinham lugar sem conhecimento público, e em que as pessoas homossexuais não tinham quem as defendesse.

A presença em Viseu, nas últimas semanas, de variadas associações de defesa dos direitos dos homossexuais demonstra que saiu ao contrário o aparente objectivo de expulsar os homossexuais da cidade. A comunidade homossexual de Viseu está hoje mais visível e unida que nunca, após os vossos actos, e conta, felizmente, com a solidariedade de todos os viseenses que acreditam nos valores democráticos, no respeito pelas diferenças de cada uma e cada um, e numa cidade aberta, desenvolvida, moderna e acolhedora para todas as pessoas que entendam acarinhá-la como a sua cidade.

Contra a homofobia

Coletivo de Associações LGBT[32], 2005

A inclusão da proibição de discriminação com base na orientação sexual na Constituição marcou um ponto de viragem no movimento LGBT, na medida em que acelerou em muito o processo reivindicativo e reforçou a exigência, ao tornar visivelmente intoleráveis quaisquer traços de discriminação e homofobia, de Estado ou quotidiana, no discurso ou no gesto, nas relações pessoais e no trabalho. A homofobia, a desigualdade e o bullying ou os crimes de ódio homofóbico não terminaram, infelizmente, nem a luta contra a sua existência, expressa no dia 17 de maio, Dia Mundial de Luta Contra a Homofobia. Tanto o Observatório da Discriminação em função da Orientação Sexual e Identidade de Género, da ILGA Portugal, como o Observatório de Educação LGBT, da rede ex aequo, continuam a receber centenas de denúncias todos os anos e a necessidade de campanhas de sensibilização e ações de formação e de educação a profissionais e à população em geral, por associações LGBT, organismos oficiais e outras organizações da sociedade civil, mantém-se. No entanto, existem instrumentos legais de proteção consagrados, com destaque para a Constituição e o Código Penal, que prevê, desde 2009, agravamentos penais para crimes motivados por discriminação em função do sexo ou da orientação sexual, para crimes de homicídio qualificado (Artigo 132º) e ofensas à integridade física qualificada (Artigo 145º) e, no Artigo 240º, proíbe a discriminação, organização e promoção de violência, difamação e ameaças com base, também, na orientação sexual.

Contra a homofobia

A salvaguarda da vida privada é um dos nossos valores: queremos que todas as lésbicas, gays, bissexuais e transgénero (LGBT), tal como as pessoas heterossexuais, tenham de facto o usufruto da sua vida privada. Isso significa que temos que nos dedicar à luta contra a homofobia e contra a inerente discriminação em termos de direitos: porque a homofobia está presente no quotidiano das pessoas LGBT, porque as afecta nas suas relações familiares e laborais, porque entra publicamente, muitas vezes de forma violenta, na sua esfera privada.

Quando um elemento de um casal de gays morre, o elemento sobrevivo não é considerado família pela lei e não tem qualquer direito. Isto é vida privada – isto é um dos resultados da exclusão de gays e de lésbicas no acesso ao casamento civil.

Quando um casal de lésbicas tem um filho, a mulher que não é mãe biológica não tem qualquer possibilidade de reconhecimento legal da sua situação familiar, com todos os entraves que isso coloca no dia-a-dia. Isto é

---

[32] ILGA Portugal; @t; Clube Safo; Não te Prives; Panteras Rosa; PortugalGay.pt; rede ex aequo, em 1 de fevereiro de 2005.

vida privada – isto é um dos resultados de políticas que teimam em não reconhecer que muitos gays e lésbicas já são pais e mães e que obviamente não há qualquer relação entre orientação sexual e possibilidade de reprodução e de exercício da parentalidade.

A oposição ao reconhecimento da igualdade de direitos para pessoas LGBT significa interferir com a vida privada – e representa a homofobia em acção.

Nesta campanha eleitoral, temos visto o apelo à homofobia e à discriminação em função da orientação sexual. Reconhecemos que há questões prioritárias para o país, mas sabemos também que políticas que atribuam direitos iguais para todas e todos não são incompatíveis com as demais políticas – e são também fundamentais não só para cidadãs e cidadãos LGBT mas para todas as pessoas que pretendem um Portugal mais Democrático. A liberdade e a igualdade são valores que devem reger as políticas dos vários partidos – e são preocupações reais da sociedade portuguesa.

Após a última revisão constitucional que fez com que a Lei Fundamental passasse a proibir a discriminação com base na orientação sexual, lutar contra a homofobia na sociedade e na lei é mais do que um requisito ético: é agora também a concretização de um dos princípios basilares da República Portuguesa. É a aplicação destes princípios que exigimos aos partidos.

Consideramos por isso absolutamente condenável a exploração da homofobia e a promoção da discriminação nas campanhas. Esperamos, pelo contrário, que o problema da discriminação em função da orientação sexual e que a necessidade de políticas de luta contra a homofobia sejam reconhecidos e tratados pelos partidos e pelos órgãos de comunicação social com a seriedade, relevância e dignidade que a Constituição exige.

Gisberta nunca existiu
ILGA Portugal, 2006

Em fevereiro de 2006, Gisberta Salce Júnior foi assassinada no Porto, depois de ser espancada, ao longo de vários dias, por grupos de jovens oriundos da Oficina de São José, e atirada para o poço do prédio abandonado onde vivia e se deram as agressões. Gisberta, debilitada pelos ataques continuados, e julgada já morta pelos agressores, acabou por morrer afogada no poço do edifício. Após a denúncia e o julgamento, os acusados foram condenados por maus tratos e não por assassinato, com penas entre os 11 e os 13 meses, consideradas claramente insuficientes. Gisberta era transexual, imigrante, prostituta, sem-abrigo e seropositiva. O caso teve um grande impacto mediático e tornou-se um símbolo da luta contra a transfobia e crimes de ódio, tendo colocado a nu as lacunas legais e a exclusão a que estavam votadas as pessoas transexuais. Como conta Sérgio Vitorino, da associação Panteras Rosa: «No começo, para a imprensa a Gis era "o Gisberto", um trans soropositivo morto. Não havia fotos dela nas reportagens, apenas os estereótipos. Nós fizemos uma campanha, conseguimos fotos e distribuímos para os jornais e TVs. Foi assim que ela ganhou uma cara, foi humanizada e passou a ser tratada melhor com o passar dos meses.»[33] O caso serviu de impulso para as graduais mudanças, quer na perceção pública da transexualidade, como a alterações legislativas longamente reivindicadas, nomeadamente, a inclusão da orientação sexual e identidade de género como agravantes por crimes de ódio, a revisão do Código Penal de 2007, a promulgação da Lei de Identidade de Género, em 2011, e a alteração do Código do Trabalho, em 2015, que consagra a proibição da discriminação de transexuais nos locais de trabalho.

Gisberta nunca existiu

Gisberta Salce Júnior sofreu agressões violentas diárias e sevícias sexuais que culminaram com a sua morte por afogamento, após ter sido atirada para um poço de mais de 15 metros de profundidade.

Os menores que a torturaram ao longo de três dias, que ignoraram os pedidos de ajuda de Gisberta, e que ponderaram a hipótese de a incendiar antes de decidirem finalmente atirá-la para o poço, afirmaram que se tratou de uma simples "brincadeira".

Os menores foram inicialmente acusados de homicídio tentado e de ocultação de cadáver, mas o Ministério Público reduziu entretanto a primeira acusação para "ofensas corporais agravadas".

Foi hoje conhecida a decisão do Tribunal de Menores do Porto: onze menores ficarão entre 11 e 13 meses em regime semiaberto em centros

---

[33] Mamede Filho. *A brasileira que virou símbolo LGBT e cujo assassinato levou a novas leis em Portugal*. BBC Brasil. 23 de fevereiro de 2016.

educativos do Instituto de Reinserção Social e dois menores terão acompanhamento educativo durante 12 meses.

Através deste julgamento, o poder judicial optou por não responsabilizar os menores pela morte de Gisberta – e também não responsabilizou a Oficina de S. José, instituição que os tutelava, nem o Estado, responsável último pelos menores institucionalizados. Para o poder judicial, Gisberta parece ser culpada da sua morte. O sentimento de injustiça e de impunidade gerado por este julgamento é chocante, mas é sobretudo agravado pelo completo silêncio do poder político que não fez ainda qualquer reflexão sobre as suas responsabilidades neste caso. Para o poder político, Gisberta parece não ter existido.

A realidade é que, para o Estado português, Gisberta nunca existiu. Como muitas pessoas transgénero em Portugal, Gisberta não teve nunca direito à sua identidade. Importa referir que, mesmo depois da sua morte, Gisberta continuava a ter um nome masculino para muitos meios de comunicação social (que insistiam em classificá-la como "um sem-abrigo" ou "o transexual") – e para o próprio Tribunal, que tentava averiguar as condições da morte de uma pessoa que afinal não existia.

É que ignorar a identidade de género de Gisberta é ignorar a sua existência – e ignorar a forma como o vazio legal em relação à transexualidade acaba por instituir a marginalização das pessoas transgénero.

Em Portugal, o processo médico e legal de redesignação de sexo e de alteração do nome não está previsto na lei, é extremamente difícil e burocratizado, muitas vezes humilhante, por vezes perigoso, sempre moroso – e muito caro, sempre que a resposta insuficiente do Serviço Nacional de Saúde obriga ao recurso a alternativas privadas que tornem a vida suportável.

Sendo as pessoas transgénero sistematicamente excluídas do acesso à educação e ao emprego, a consequência óbvia é a marginalização, bem patente na vida e na morte de Gisberta Salce Júnior.

Em Espanha, o governo socialista de Zapatero atribuiu a cidadania plena às pessoas lésbicas, gays, bissexuais e transgénero – nomeadamente através da aprovação de uma lei da identidade de género que facilita o processo de redesignação de sexo e de alteração do nome, visando combater a exclusão social das pessoas transgénero. É isso que esperamos também da actual maioria.

A Associação ILGA Portugal vem por isso desafiar o Governo e o Parlamento a aprovarem uma lei da identidade de género e a explicarem de forma bem clara a estes menores e à sociedade portuguesa em geral aquilo que deveria ser óbvio e que obviamente não o é: que Gisberta tinha direito a existir.

Sufragistas, Caminheiras, Moças...

Grupo de Mulheres da ILGA Portugal, 2008

A relação entre o movimento feminista e o movimento lésbico não esteve isento de dificuldades; no entanto, a proximidade criada pelo facto de serem mulheres e, desse ponto de vista, terem problemas e questões semelhantes, levou à participação de lésbicas em organizações feministas e à colaboração em projetos comuns, como a integração na Plataforma Nacional da Marcha Mundial de Mulheres, na Plataforma Direito de Optar, do Clube Safo e do Grupo de Mulheres, da ILGA Portugal ou a participação no Congresso Feminista de 2008. Organizado pela UMAR – União de Mulheres Alternativa e Resposta, o Congresso Feminista de 2008 decorreu entre 26 e 28 de junho, em Lisboa, oitenta anos após o Congresso de 1928 (organizado pelo Conselho Nacional das Mulheres Portuguesas) e foi pensado como: «...um acontecimento de carácter cientifico e interventivo, englobando as/os principais investigadoras e investigadores do campo dos estudos sobre as mulheres, dos estudos de género e dos estudos feministas em Portugal, bem como das e dos activistas ... contribuindo para a construção de uma comunidade de activistas e cientistas que defendem um mundo mais igualitário, onde o respeito pelos direitos humanos e pela riqueza cultural sejam metas a atingir na corrida contra a violência.»[34] Entre os vários temas abordados e discutidos, incluíu-se, no segundo dia, um debate sobre «Feminismos/Lesbianismos e Movimento LGBT» e integrou um Poster sobre a mesma temática, que aqui se transcreve.

Sufragistas, Caminheiras, Moças...

Num ambiente claramente repressivo, de criminalização e patologização, a homossexualidade tende a ser escondida – e Portugal não escapou a esta tendência.

Até meados do Séc. XX são raros os relatos na imprensa sobre este assunto "tabu", são até raros os artigos ou livros sobre o tema.

E, desta vez, homens e mulheres foram tratad@s de forma semelhante – se é verdade que o acto homossexual masculino era mais frequentemente analisado, é também inegável que era mais penalizado e alvo de moralizações públicas várias. Porque às mulheres não era sequer concedido que tivessem uma sexualidade própria, não dependente do homem-marido.

No início do século XX, Egas Moniz publica o seu livro "A Vida Sexual". O segundo volume, "Pathologia" (1902) tinha um capítulo sobre homossexualidade em que eram citadas as teorias de alguns dos criadores, como Krafft-Ebbing, de uma visão "científica" da homossexualidade enquanto doença e perversão que irá perdurar ao longo de grande parte do século XX. O livro de Egas Moniz, que foi sucessivamente re-editado,

---

[34] Programa do Congresso.

permaneceu como livro de referência e de grande influência em Portugal, quer no meio médico quer no meio jurídico.

A poesia de Judith Teixeira
Durante a primeira República, Judith Teixeira (1880-1959) publica poemas em que, de modo explícito e desassombrado, fala do amor e do erotismo entre mulheres. Juntamente com outros escritores, como António Botto e Raul Leal, que também abordam explicitamente a homossexualidade, levantam um vendaval de reacções na sociedade portuguesa, em vias de entrar em regime ditatorial.

Em Março de 1923 o Governador Civil de Lisboa faz apreender, para depois cremar, exemplares de Decadência de Judith Teixeira, de Sodoma Divinizada de Raúl Leal e das Canções de António Botto. Fernando Pessoa fará a defesa de António Botto e Raúl Leal em "Aviso por causa da moral", enquanto que Judith Teixeira irá defender-se com uma conferência pública, "De mim".

Movimentações políticas femininas: com ou sem lésbicas?
Com o processo do nascimento da República assiste-se também aos primeiros e tímidos passos de lutas das mulheres pela conquista de direitos de cidadania.

A Liga Republicana das Mulheres Portuguesas é fundada, com a intenção mais ou menos velada de lutar pelo direito ao voto; mas chegada a República, as mulheres portuguesas vêem ser-lhes negado o direito ao voto.

Por estranho que possa parecer, este direito veio a ser concedido parcialmente por Salazar em 1931 – simultaneamente à proibição de qualquer associação de mulheres de cariz feminista, sendo extintas as poucas existentes. Poucos anos depois nasce a Mocidade Portuguesa Feminina, cujas fundadoras e ideologia partilham os mesmos inimigos do Estado Novo – o liberalismo e o comunismo – com um inimigo específico adicional: o feminismo.

Em Portugal, ao contrário dos EUA ou do Reino Unido, onde as lésbicas tiveram um papel importante na luta pelo direito ao voto, são desconhecidas quaisquer lésbicas assumidas nestes primeiros movimentos feministas. No entanto, alguns relatos contemporâneos externos ao movimento intuem a sua presença.

O período após a Segunda Guerra Mundial, que em Portugal coincide com o Estado Novo e o crescimento da Mocidade Portuguesa Feminina, assiste-se a um retrocesso dos direitos e do estatuto das mulheres em todo o mundo.

Este facto é visível, por exemplo, no cinema e na própria literatura dos anos cinquenta, onde as imagens das mulheres eram sistematicamente restringidas à doce e fiel esposa, fada do lar, boa dona de casa e mãe extremosa.

Este ambiente significa mais umas décadas de armário profundo para as lésbicas, que neste contexto temiam pelas próprias vidas. Neste período, começam a existir festas particulares onde mulheres solteiras, algumas viúvas e poucas separadas se conheciam e entretinham discretamente nos seus amores; algumas – sempre com medo, muito medo de serem denunciadas – partilhavam casa como amigas.

As lésbicas e as feministas no pós 25 de Abril
Enquanto que no resto da Europa e nos Estados Unidos, os anos 70 e 80 representaram um surgimento do movimento lésbico, e uma visibilidade lésbica nunca antes vista, essencialmente por via do ressurgimento do movimento feminista, em Portugal o mesmo não se passou. No entanto, nos grupos feministas de mulheres, formados após o 25 de Abril (por ex: MLM – Movimento de Libertação das Mulheres e o IDM – Informação-Documentação Mulheres), havia um grande número de lésbicas, sendo estes um primeiro pretexto para que estas se envolvessem num activismo militante, sem contudo se terem formado grupos autónomos de lésbicas como aconteceu no estrangeiro.

Por onde andaram as lésbicas portuguesas? Pistas e contribuições para a história do lesbianismo em Portugal
No início do MLM (1974) o lesbianismo ainda era um assunto de que se falava, nomeadamente por influência do que se estava a passar no estrangeiro mas, rapidamente, as lésbicas começaram a ser excluídas. Em grupos feministas que se formaram mais tarde como o IDM (1978), e apesar de algumas das mulheres serem lésbicas, parecia haver uma auto-censura, uma vez que não se podia falar sobre lesbianismo, nem expressar qualquer afectividade lésbica.

Os ventos de mudança sopravam já
E em algumas publicações feministas a partir dos finais dos anos 70 aparecem alguns textos sobre lesbianismo. Algumas das influências vindas de fora de Portugal, em termos de análise feminista da sexualidade e do desafio que o lesbianismo representava em relação a uma sociedade patriarcal, podem ser vistas num artigo do boletim do Grupo da Mulher da Associação Académica de Coimbra de 1979.

Com os anos 80, esta tendência desenvolve-se e em revistas como Artemísia aparecem alguns dos primeiros textos com uma visão mais positiva e tendencialmente menos clínica do lesbianismo

Vem também de dentro do movimento feminista uma das primeiras iniciativas culturais com interesse para as lésbicas, o 1.º Festival Internacional de Filmes Realizados por Mulheres, que ocorre em Lisboa nos finais de 1988, no Instituto Franco-Português. Este festival permite que sejam vistos, pela primeira vez em Portugal, alguns filmes lésbicos clássicos como, "Desert Hearts", "Before Stonewall", "Jupon Rouge", "Anne Trister" ou "Novembermond".

Movimentações políticas das lésbicas

As primeiras movimentações políticas das lésbicas – dignas deste nome e do conceito tal como hoje o entendemos – surgem no início dos anos 90. Um casal de lésbicas lisboetas decide que algo tem de mudar e cria, em 1991, a primeira revista lésbica em Portugal – A Organa. Embora esta revista seja lida apenas por um número restrito de pessoas, as duas mulheres decidem organizar um encontro de reflexão em Novembro desse mesmo ano. Estão presentes cerca 20 mulheres durante 3 dias, e de onde resulta um grupo editorial da Organa mais alargado.

Em Outubro de 1992, há o segundo encontro da Organa onde cerca de 40 mulheres de todo o país discutiram o lesbianismo. O grupo de lésbicas presentes tem uma vontade clara de intervenção e de mudança e dinamiza mais encontros de reflexão nos meses seguintes. Curiosamente, tal acaba por resultar no fim da ORGANA e na criação de um colectivo que decide fazer outra revista em moldes diferentes – a LILÁS. O primeiro número da LILÁS surge em Março de 1993 e rapidamente começa a ter bastante impacto, ao qual não é alheio o facto da imprensa e da opinião pública em geral se ter começado a interessar pela temática do lesbianismo. Mais de 200 mulheres compram a revista, além das dinâmicas geradas com encontros entre estas leitoras.

Em 1996, é formado o Clube SAFO com o intuito de acabar com o isolamento das lésbicas em todo o país. Em 2002, torna-se na primeira associação exclusivamente lésbica portuguesa.

Em Maio de 1998, após um encontro que responde a um apelo mobilizador feito por duas mulheres dos órgãos dirigentes da Associação ILGA Portugal (associação entretanto legalizada), surge no seu interior o Grupo de MULHERES. A comissão instaladora deste Grupo que é formada e que posteriormente dará origem à sua primeira comissão coordenadora, é constituída por lésbicas vindas do colectivo inicial da LILÁS ou que tinham sido previamente leitoras e colaboradoras desta revista. O início de 1999 inicia a exibição do primeiro ciclo de filmes lésbicos, o qual teria continuação no ano seguinte. Através do Grupo de MULHERES e do Clube SAFO começa a haver uma maior visibilidade das lésbicas na sociedade Portuguesa, com presença mediática crescente.

O início do Séc. XXI trouxe-nos a colaboração estreita e respeito mútuo existente hoje entre o movimento LGBT e o movimento feminista. Um exemplo é a participação do Grupo de MULHERES da Associação ILGA Portugal e do Clube SAFO na Plataforma DIREITO DE OPTAR ou na Marcha MUNDIAL DAS MULHERES, onde temos lutado – lado a lado – contra o sexismo e a homofobia. E foi esta colaboração que nos trouxe hoje aqui, ao Congresso Feminista.

Afinal, feministas e lésbicas, vontades e objectivos comuns nos unem: construir uma sociedade onde a igualdade de género seja plena – e não haja, portanto, lugar nem para a homofobia nem para o sexismo.

O casamento civil
Miguel Vale de Almeida, 2010

A igualdade de acesso ao casamento e às formas de parentalidade dos casais de pessoas do mesmo sexo foi uma batalha de anos[35] do ativismo LGBT português, dado o evidente caráter discriminatório baseado em predisposições de inferioridade/diferença das relações homossexuais versus relações heterossexuais. A visibilidade e o debate público suscitado em torno da questão, bem como a sua aprovação, em 2010, marcaram um ponto alto do movimento LGBT e foram prova de amadurecimento democrático da sociedade portuguesa. No dia 8 de janeiro de 2010, Miguel Vale de Almeida, então deputado do grupo parlamentar do Partido Socialista, faz um discurso na Assembleia da República em defesa da proposta de lei que permite o casamento civil entre pessoas do mesmo sexo.

O casamento civil

No início do ano em que se comemora o centenário da República, este Parlamento cumpre hoje um dos mais nobres desígnios da democracia: garantir os direitos individuais e a superação de discriminações injustas. Hoje, neste Parlamento, todos e todas nós, temos a oportunidade e a responsabilidade de incluir mais cidadãos e cidadãs, como em tempos fizemos com a abolição de discriminações com base no status e na "raça" ou com base no género. Hoje cabe-nos a responsabilidade e o privilégio de pôr cobro a uma grave discriminação, desta feita com base na orientação sexual, dando assim seguimento à nossa Constituição, que proíbe a discriminação com base nessa categoria e assegura o desenvolvimento da personalidade, de que a sexualidade é uma característica primordial e intrínseca.

Aprovando o acesso ao casamento civil por parte de casais de pessoas do mesmo sexo em igualdade de circunstâncias com os casais de pessoas de sexo diferente, estaremos a trazer mais cidadãos e cidadãs para o pleno

---

[35] Ao longo dos anos, foram utilizadas várias formas de sensibilização e de luta, com destaque para: (a) os manifestos, brochuras, artigos e livros, de associações LGBT, bloggers, académicos e juristas, como, por exemplo, «O casamento entre pessoas do mesmo sexo» (2008), que reúne os pareceres de Carlos Pamplona Côrte-Real, Isabel Moreira e Luís Duarte d'Almeida e «O casamento entre pessoas do mesmo sexo. Sim ou não?» (2008), de Pedro Ferreira Múrias, Miguel Nogueira de Brito, (b) a petição, lançada em setembro de 2005 pela ILGA Portugal, onde foram recolhidas mais de 7.000 assinaturas, entregues em fevereiro de 2006 na Assembleia da República e discutidas em 2008, (c) o Fórum do casamento entre pessoas do mesmo sexo, organizado pela ILGA Portugal com o apoio do CEAS ISCTE, a 5 de novembro de 2005, com a participação de ativistas, políticos e académicos de várias áreas e nacionalidades, (d) o caso mediático da recusa de casamento, a 1 de fevereiro de 2006, de um casal de lésbicas – Teresa Pires e Helena Paixão – na 7ª Conservatória de Lisboa. Com o apoio jurídico do advogado Luís Grave Rodrigues, as duas recorrem em tribunal, até chegarem ao Tribunal Constitucional, que considera que o legislador tem o poder de alterar a Lei, (e) o debate televisivo no programa Prós & Contra, em fevereiro de 2009, em que o "som" é defendido, no palco, por Isabel Moreira e Miguel Vale de Almeida, e, na plateia, por Paulo Côrte-Real, Fernanda Câncio, Carlos Pamplona Corte-Real, Daniel Oliveira, Rui Tavares e outros, (f) a Conferência Internacional Políticas Integradas Contra a Discriminação das Pessoas LGBT, organizada pela ILGA Portugal nos dias 27 e 28 de março de 2009, com o apoio da CIG, da EEA Grants e a Embaixada dos Países Baixos, com a participação de ativistas, políticos e académicos, (g) o Movimento pela Igualdade, lançado a 31 de março de 2009, que recolhe a subscrição de cerca de 1.000 assinaturas de personalidades diversas, a favor da igualdade no casamento.

usufruto dos seus direitos, sem retirar direitos a outrem e sem alterar a natureza contratual do casamento civil. Estaremos, como já se fez em várias democracias avançadas e modernas, a alargar e a incluir, sem excluir ninguém, e sem criar institutos específicos que, tal como atualmente se configura o casamento civil, acentuariam a discriminação e o apartheid social entre hetero e homossexuais.

Porque é o igual acesso ao casamento civil tão importante para a inclusão, para a superação da discriminação, e para a recusa e a censura da homofobia por parte do Estado e da Lei? Porque a experiência individual e social dos gays e das lésbicas – a experiência do insulto, da violência simbólica e física, da exclusão – assenta justamente num aspeto intrínseco da personalidade humana (a sexualidade e, especificamente, a orientação sexual), aspeto esse que ganha saliência social no momento em que a afetividade e os sentimentos levam as pessoas gay e lésbicas – à semelhança dos heterossexuais – à constituição de relações afectiva e conjugais cuja publicitação e vivência livre têm sido impedidas quer pela Lei, quer pelas mentalidades mais retrógradas.

As pessoas de que estamos a falar, as pessoas para quem e em nome de quem estamos a legislar, nasceram numa sociedade largamente homofóbica, à semelhança da experiência terrível do racismo para muitas pessoas negras em muitas sociedades, e à semelhança da experiência terrível do sexismo para muitas mulheres. Nasceram para uma sociedade que lhes disse que o seu amor não tinha nome, que o seu destino era obrigatoriamente a heterossexualidade, que aprenderam nomes insultuosos para designar o mais íntimo e estruturante das suas personalidades, que se viram obrigadas a viver na vergonha, no silenciamento, na ocultação, que em tempos e lugares não muitos distantes foram encarceradas, torturadas, submetidas a tratamentos forçados, enviadas para campos de concentração; pessoas que, ainda hoje e entre nós, temem represálias no emprego, temem o insulto na rua, temem a alienação familiar e das redes de amizade. Essas pessoas não são as figuras estereotipadas de um certo imaginário homofóbico, nem as pessoas que, como eu, tiveram o privilégio e a sorte de poderem falar hoje e aqui, neste dia histórico. Eles e elas são os nossos irmãos e irmãs, pais e mães, filhos e filhas, amigos e amigas, vizinhos e vizinhas, colegas de trabalho. São pessoas de todos os níveis sociais, ricas e pobres, do campo e da cidade, jovens e idosas, conservadoras ou liberais – e esperam de nós um gesto de reconhecimento. Se é certo que é em nome delas que legislamos a favor da igualdade, é também em nome de todos e de todas nós, cidadãos e cidadãs da Repúblcia Portuguesa, que legislamos – porque nenhum e nenhuma de nós será livre e poderá em consciência usufruir dos seus direitos enquanto estes forem negados ao seu próximo. Não estaremos a reinventar a sociedade, como não a reinventámos quando abolimos a escravatura ou conquistámos o direito de voto para as mulheres. Estaremos a alargar o âmbito dos direitos, a tornar a democracia mais democrática, a melhorar efetivamente as condições de vida de mais cidadãos e cidadãs, a garantir mais liberdade de escolha sem prejudicar a liberdade de outros. Estaremos a assegurar os próprios princípios em que assenta o nosso modelo de sociedade – baseado na democracia, na igualdade e nos direitos humanos.

Mas hoje estaremos – se soubermos cumprir o desígnio mais nobre dum Parlamento democrático – não só a garantir o acesso a direitos que são negados por outras figuras ou pelo impedimento de acesso ao casamento civil. Estaremos a fazer um gesto emancipatório com uma importâncias simbólica ímpar: o Estado e a Lei estarão a dizer a toda a sociedade que as relações entre casais do mesmo sexo têm a mesma dignidade e merecem o mesmo respeito que as relações entre casais de sexo diferente. Sim, estaremos a dizer isso – e os nossos opositores devem demonstrar que não estão a fazer justamente o contrário. Estaremos a promover uma pedagogia anti-homofóbica na sociedade, dando o exemplo a partir do órgão máximo de representatividade democrática, estaremos ativamente a promover a mudança de mentalidades, de cujo ritmo tantas vezes parecemos duvidar; estaremos a cumprir a nossa função de reconhecimento de uma categoria da nossa cidadania que tem historicamente sido tratada como doente, pecaminosa ou criminosa.

No dia seguinte à efetiva possibilidade de dois homens ou duas mulheres casarem civilmente, se assim o entenderem, e à semelhança dos seus parentes e amigos heterossexuais, respiraremos um ar mais livre, cresceremos como democracia madura e moderna, promoveremos a inclusão e a diversidade na igualdade. Nesse dia, o arco-íris – símbolo da luta dos gays e das lésbicas pela sua dignidade plena – será também um símbolo da nossa República.

Uma lei humanista
José Sócrates, 2010

A primeira tentativa de casamento de Teresa Pires e Helena Paixão, na 7ª Conservatória de Lisboa, em 2006, foi o início de um processo legislativo[36] que culminaria, em janeiro de 2010, com a aprovação da igualdade de acesso ao casamento por pessoas do mesmo sexo. Em 8 de janeiro de 2010, o Primeiro-Ministro José Sócrates, num sinal da importância dada à aprovação desta lei, após anos de adiamento, apresentou ele próprio, na Assembleia da República, a Proposta de Lei do Governo que alargava o casamento civil a pessoas do mesmo sexo, com o discurso que transcrevemos.

Uma lei humanista

1. Uma lei humanista
Senhor Presidente, senhoras e senhores Deputados:

O debate de hoje marcará a vida parlamentar portuguesa. Com a aprovação desta Lei a Assembleia da República dará um passo decisivo contra a discriminação, tornando possível o casamento civil entre pessoas do mesmo sexo.

Esta é a única questão que está em causa, este é o único objectivo desta proposta. Um objectivo muito claro. Uma pequena mudança na lei, é certo. Mas um passo muito importante e simbólico para a plena realização de valores que são os pilares essenciais das sociedades democráticas, abertas e tolerantes: os valores da liberdade, da igualdade e da não-discriminação.

Esta é uma lei que se destina a unir, não a dividir a sociedade portuguesa. Unir a sociedade, sim, porque é isso que sucede quando se acabam com divisões injustas e sem fundamento.

Esta é uma lei de concórdia e de harmonia social, porque estabelece uma regra de igualdade que nada impõe a ninguém; porque respeita todas as crenças e convicções; porque salvaguarda a liberdade da pessoa adulta, nos seus projectos e opções de vida.

Esta não é uma lei contra ninguém. Nem sequer é uma lei a favor de alguns: é uma lei a favor de todos. Que ninguém interprete esta lei como a vitória de uns sobre outros. Esta lei representa a vitória de todos. Porque são sempre assim as leis da liberdade e as leis humanistas.

---

[36] As principais etapas foram: (a) em 2006, o Bloco de Esquerda apresenta um projeto de alteração da lei; a JS e o Partido Os Verdes apresentam também anteprojetos sobre o casamento; os projetos do Bloco e de Os Verdes, bem como a petição com mais de 7.000 assinaturas entregue pela ILGA Portugal, são discutidos em outubro de 2008, e rejeitados com os votos contra do PS, PSD e PP, (b) a 8 de janeiro de 2010, são apresentadas na Assembleia da República várias propostas de alteração da lei para permitir o casamento entre pessoas do mesmo sexo. As propostas do BE e de Os Verdes (que incluíam a adoção) são rejeitadas, bem como a proposta do PSD, que pretendia introduzir uma forma legislativa alternativa («união civil registada»); a proposta do Governo, apresentada pelo Primeiro-ministro – um sinal da importância dada à aprovação desta lei, após anos de adiamento – é aprovada, com os votos contra do PSD e do CDS. Apesar de suscitar dúvidas ao Presidente da República, Aníbal Cavaco Silva, o decreto será promulgado após parecer favorável do Tribunal Constitucional. Portugal tornou-se, então, o oitavo país do mundo a reconhecer igualdade no casamento. No entanto, apesar de permitir o acesso ao casamento, a Lei 9/2010, de 31 de maio, exclui explicitamente os casais do mesmo sexo do direito à adoção.

O que é próprio de um humanista é sentir-se ele próprio humilhado com a humilhação dos outros. O que é próprio de um humanista é sentir-se excluído com a exclusão dos outros. O que é próprio de um humanista é sentir a sua liberdade diminuída e os seus direitos limitados, quando a liberdade de outros é diminuída e os seus direitos são limitados. Por isso, quando aprovamos uma lei que vai fazer pessoas mais felizes, é da nossa própria felicidade que estamos a cuidar.

São estes valores humanistas que orientam esta Proposta do Governo.

2. Um marco na história da luta contra a discriminação

Diz a nossa Constituição: «Ninguém pode ser privilegiado, beneficiado, prejudicado, privado de qualquer direito ou isento de qualquer dever em razão [...] [da] orientação sexual». Para mim, Senhores Deputados, esta Lei cumpre da melhor forma o espírito e a letra da Constituição. Porque estaremos a respeitar a liberdade individual. Porque estaremos a promover a igualdade de todos perante a lei. E porque estaremos, finalmente, a eliminar uma discriminação!

Compreendo, e sinceramente respeito, os sentimentos daqueles que não acompanham esta mudança. Mas quero assegurar aos que assim pensam que a nova Lei em nada prejudica os seus direitos, nem as suas crenças, nem as suas opções de vida.

E quero convidá-los a pensar nesta Lei como mais uma etapa da já longa história da luta das democracias contra a discriminação – porque é disso que se trata. Uma etapa que, num futuro muito próximo, nos parecerá a todos tão lógica e necessária como foram no passado a igualdade de direitos entre os cônjuges, o direito ao divórcio, o reconhecimento legal das uniões de facto e a própria descriminalização da homossexualidade.

Os nossos filhos olham-nos incrédulos e com espanto quando lhes contamos que convivemos até há bem pouco – até 1982! – com a situação absurda e revoltante de considerarmos a homossexualidade um crime previsto e punido no Código Penal. Pois é chegado o momento de lhes darmos um bom motivo de orgulho na nossa geração. Uma geração que foi capaz de reparar as injustiças cometidas contra os homossexuais e de construir uma sociedade com mais igualdade, com mais respeito pela dignidade das pessoas e com mais consideração pela liberdade individual!

Senhoras e Senhores Deputados,

A lei que consagra a possibilidade de celebração de casamento civil entre pessoas do mesmo sexo repara, de facto, uma injustiça. Mas não comete injustiça nenhuma sobre as outras pessoas.

Esta lei reconhece direitos a cidadãos a quem esses direitos eram negados. Mas não prejudica nem diminui nenhum direito dos demais.

Esta lei abre novas oportunidades de realização pessoal e familiar a pessoas injustamente privadas de tais oportunidades. Mas em nada afecta a situação e as opções das outras pessoas.

Esta lei alarga um direito civil. Mas em nada questiona ou perturba a convicção de quem quer que seja.

No fundo, esta lei apenas acaba com o sofrimento inútil. Sofrimento esse que só o preconceito, a intolerância e a insensibilidade permitiram que durasse tanto tempo.

Em suma, esta é uma lei que honra a melhor tradição de tolerância e respeito mútuo – fundações éticas da democracia pluralista.

3. O cumprimento do mandato popular

Senhor Presidente, senhoras e senhores Deputados:

O Partido Socialista usou do maior escrúpulo democrático no tratamento do casamento civil entre pessoas do mesmo sexo. Na legislatura passada, opusemo-nos a tentativas de aprovar uma lei sem prévio debate e mandato eleitoral dos portugueses. Depois, inscrevemos no Programa que submetemos às eleições legislativas, em lugar de destaque, e com toda a clareza, o compromisso de remover as barreiras jurídicas ao casamento civil entre pessoas do mesmo sexo.

Com o seu voto, o povo deu ao Parlamento o mandato que pedimos. E aqui estamos hoje a cumprir esse mandato parlamentar, nos seus exactos termos.

Este é o mandato que temos, este é o mandato que cumprimos. Nem mais, nem menos. Por isso, a Proposta de Lei do Governo é absolutamente clara e taxativa ao afastar expressamente qualquer implicação em matéria de adopção. E quero, também eu, ser completamente claro: a adopção é uma questão totalmente diferente do casamento. Na adopção não está em causa realizar um direito de pessoas livres e adultas. Está em causa, isso sim, assegurar o interesse das crianças que cabe ao Estado proteger – e é no exclusivo interesse dessas crianças que compete ao Estado regular o instituto totalmente autónomo do casamento que é a adopção.

Sei que existe também nesta Assembleia uma outra proposta de última hora, dita de «união civil registada». Discordo. Como contrato, o próprio casamento civil não é outra coisa senão isso mesmo: uma união registada. Por isso, quando os defensores dessa proposta pretendem que ela tem praticamente tudo o que tem o casamento só o nome é que é diferente, o que estão de facto a dizer é que a sua proposta até é parecida com a do Governo, menos numa coisa: não acaba com a discriminação! Ora, é verdadeiramente isso que nos separa. O nosso mandato é outro: nós estamos aqui com um mandato claro para acabar com a discriminação. Não estamos aqui para a prolongar sob outra forma, só que, desta vez, registada com outro nome de família!

Falemos claro: o que acontece é que essa proposta mantém a discriminação. E uma discriminação tanto mais ofensiva quanto, sendo quase inútil nos seus efeitos práticos, é violenta na exclusão simbólica, porque atinge pessoas na sua dignidade, na sua identidade e na sua liberdade. E em matéria de dignidade, de identidade e de liberdade, não é aceitável ficar a meio caminho.

4. Podemos e devemos decidir agora

Senhor Presidente, senhoras e senhores Deputados,

Os Portugueses debateram e sufragaram nas urnas o compromisso que o Governo agora cumpre. O Parlamento tem, portanto, toda a legitimidade para decidir.

Mas não quero ignorar a petição que foi entregue neste Parlamento para a realização de um referendo. Respeito essa iniciativa, embora discorde dela. Mas igual respeito peço pela posição que defendo: o mandato popular que recebemos foi um mandato claro para que o Parlamento dê agora este passo contra a discriminação. Não é, pois, tempo para adiar. É tempo para cada um assumir as responsabilidades para que foi investido.

O País, como aliás todo o Mundo, vive muitos e difíceis problemas que temos de enfrentar: problemas económicos, problemas sociais, problemas educativos, problemas orçamentais. Mas recuso considerar a discriminação e a desigualdade perante a lei como problemas menores, que podem sempre ficar à espera e que nunca é oportuno resolver. Enfrentar e resolver este problema em nada nos distrai de tudo o resto que também é preciso fazer. Pelo contrário, resolvê-lo faz parte integrante da agenda que assumimos perante os portugueses.

Senhor Presidente senhoras e senhores Deputados,

A lei que queremos é singela: abrir a todas as pessoas adultas a possibilidade de contrair casamento civil, se for essa a sua vontade comum – sem discriminações. A sua aprovação honrará este Parlamento.

Por isso peço, senhores deputados, a aprovação da proposta de lei do Governo. Em nome da igualdade perante a lei. Em nome do respeito pela liberdade pessoal. Em nome da felicidade e da justiça. Em nome da sociedade aberta e humanista que pretendemos ser e que assume a eterna e nobre ambição de nunca desistir de se tornar uma sociedade melhor.

Acabar com uma situação cruel e injustificável

José Magalhães, 2010

Para poderem alterar o sexo e o nome próprio no registo civil, as pessoas transexuais eram obrigadas a interpor uma ação contra o Estado, num processo demorado, invasivo da sua privacidade e agravando a sua exclusão social, em clara violação dos seus direitos e das recomendações internacionais em Direitos Humanos. Esta situação, existente por omissãoseria extinta no dia 15 de março de 2011, quando foi finalmente publicada a Lei 7/2011[37], que regula o procedimento de mudança de sexo no registo civil e correspondente alteração de nome próprio. Esta lei resultou da junção de dois projetos de lei, um do Bloco de Esquerda (apresentado na Assembleia da República por José Soeiro) e outro do Governo (que se transcreve abaixo, apresentado no dia 29 de setembro de 2010 por José Magalhães, então Secretário de Estado da Justiça e da Modernização Jurídica), após um mês e meio de trabalho da Comissão Parlamentar dos Assuntos Constitucionais, Direitos, Liberdade e Garantias, presidida pelo deputado Miguel Vale de Almeida.

Acabar com uma situação cruel e injustificável

Sr.ª Presidente, Sr.as e Srs. Deputados, caros colegas do Governo, a proposta de lei n.º 37/XI tem um único objectivo: acabar com uma situação cruel e injustificável, resultante de um concreto aspecto do regime vigente em Portugal em matéria de transexualidade.

Pode sintetizar-se assim: devido ao silêncio da lei, o Estado mantém, hoje, no limbo, durante meses, amarradas ao seu bilhete de identidade antigo,

---

[37] A aprovação da Lei 7/2011 foi um degrau fundamental para o reconhecimento legal e identitário das pessoas transexuais, até aí soterradas em anos de processos clínicos e jurídicos, invisíveis e, demasiadas vezes, marginalizadas. Nas palavras de Júlia Mendes Pereira, co-diretora da API – Ação Pela Identidade, aquando da audição pública de pessoas trans e intersexo, promovida pelo BE, na Assembleia da República, a 5 de maio de 2015: «Compreende-se que a publicação da atual Lei de identidade de género, que exige um único relatório de diagnóstico (uma folha de papel, somente) para garantir a alteração do sexo registado e do nome, num procedimento administrativo que não demora mais que oito dias, fosse em 2011 visto como um milagre jurídico pronto para salvar vidas. Mas quatro anos passados, a população trans está suficientemente emancipada para ser exigente. [...] Também as pessoas intersexo, tão invisíveis hoje na lei como o eram as pessoas trans até 2011, estão mais exigentes.» Após a aprovação da Lei, novas vitórias legislativas relevantes para a proteção jurídica das pessoas trans se seguiram: (1) a inclusão da identidade de género como categoria de discriminação no Estatuto do Aluno, em 2012; (2) a inclusão da identidade de género como categoria de discriminação, na revisão do Código Penal de 2013, nos artigos relativos ao homicídio qualificado e ofensas à integridade física qualificadas, estabelecendo-se a especial censurabilidade ou perversidade destes atos (e o consequente agravamento penal) caso a motivação seja o ódio em função da identidade de género da vítima; (3) a inclusão da identidade de género como categoria de discriminação, na revisão do Código do Trabalho de 2015, alteração reclamada por algumas associações LGBT e apoiada também pelas duas centrais sindicais CGTP-IN e UGT. A revisão consagra expressamente a identidade de género no âmbito do direito à igualdade no acesso a emprego e no trabalho e oferece instrumentos de luta contra a discriminação disseminada sentida no mundo laboral – lembramos que, no Eurobarómetro de 2012, 87 por cento das pessoas classificaram essa situação como frequente ou muito frequente. Recorde-se, contudo, que a faltar está ainda a inclusão expressa da proibição de discriminação com base na identidade de género na Constituição, recomendada, aliás, pelo Comité de Ministros do Conselho da Europa na Recomendação CM/Rec(2010)5 e reivindicada aquando da revisão constitucional de 2004, nomeadamente pela ILGA Portugal, na ronda de audiências parlamentares que conduziu, à época.

pessoas que, cumprindo todas as regras jurídicas, foram objecto de tratamento médico e mudaram a sua identidade de género.

Essa situação, que queremos alterar, tem uma originalidade insólita: as regras aplicáveis aos actos médicos de tratamento da perturbação de identidade do género estão claramente definidas, obedecem aos padrões internacionais, constam do Código Deontológico, aprovado pelo regulamento n.º 14/2009, da Ordem dos Médicos e têm vindo a ser aplicadas pelos responsáveis clínicos sem darem origem a qualquer disputa fracturante.

Não viemos abrir qualquer disputa desse tipo nem a queremos. É só das modificações de registo que estamos a tratar. As modificações de registo, que são uma consequência óbvia e necessária do tratamento médico, só podem ser feitas após decisão judicial através de acção declarativa. Um juiz tem de ser chamado a integrar a lacuna legal, criando ad hoc a norma que o intérprete criaria «se houvesse de legislar dentro do espírito do sistema», como manda o artigo 10.º, n.º 3, do Código Civil.

A seguir, é accionado um moroso processo probatório daquilo que, afinal, a medicina já mudou e que já foi, aliás, decidido e consumado. Só então é mudado o registo e, durante meses, há quem seja confrontado com as vicissitudes amargas de viver uma identidade com papéis que referem outra que deixou de existir.

O que vos propomos é que o silêncio do legislador se quebre através de um mecanismo não judicial, simples, célere e justo, como o que consta da proposta de lei.

Fazemos uma separação de águas muito clara: aos clínicos, o diagnóstico e o tratamento, segundo as regras da Medicina; ao Estado o reconhecimento de uma nova identidade emergente do tratamento. Isto e só isto.

Seguimos o caminho trilhado por outros países, seguimos as recomendações da Assembleia Parlamentar do Conselho da Europa e do seu comissário dos direitos humanos, que recebi, em nome do Ministério da Justiça, e que me transmitiu o apelo a que o Governo português se empenhasse nesta mudança e estamos a concretizar a mudança que prometemos.

Por último, gostaria de agradecer a todos os que contribuíram para esta proposta. Além dos vários departamentos governamentais – tenho ao meu lado a Sr.ª Secretária de Estado para a Igualdade, que participou neste processo, assim como outros membros do Governo —, dirijo uma palavra especial ao Dr. Pedro de Freitas, à Dr.ª Inês Monteiro e ao Dr. João Décio Ferreira pela sua contribuição para a mudança do quadro legal e da vida de muitos seres humanos em Portugal.

Saúdo o facto de o Parlamento ter escolhido esta data e julgo que, aprovando esta lei, daremos um passo que dignificará os cidadãos, o direito, a justiça e a República.

Descoincidência que é preciso acabar

José Moura Soeiro, 2010

A aprovação da Lei 7/2011 foi um passo fundamental para o reconhecimento legal e identitário das pessoas transexuais, até aí soterradas em anos de processos clínicos e jurídicos, invisíveis e, demasiadas vezes, marginalizadas. Embora seja uma referência exemplar de legislação a nível mundial e um passo importante para a conquista do reconhecimento e igualdade de transexuais, não é suficiente, segundo José Soeiro: «Sem querer ser triunfalista, acho que Portugal terá, neste momento, a melhor lei a nível europeu e mundial sobre esta questão. Mas esta lei não acaba com a discriminação das pessoas transexuais na sociedade em geral. Será preciso sensibilização.»[38] No dia 29 de setembro de 2010, José Moura Soeiro, deputado do Bloco de Esquerda, discursa na Assembleia da República em defesa da Proposta de Lei do seu partido que daria origem ao procedimento de mudança de sexo e de nome próprio no registo civil.

Descoincidência que é preciso acabar

Sr. Presidente, Sr.as e Srs. Deputados, quero começar por cumprimentar os activistas e as pessoas transexuais que estão a assistir a este debate e dizer-vos que existe, em Portugal, neste momento, um vazio legal que significa uma ausência de reconhecimento da identidade de género deste conjunto de pessoas que as atira e lhes impõe um processo longo, quantas vezes humilhante, de desfecho incerto nos tribunais.

A ausência completa de reconhecimento tem como consequência impactos brutais no quotidiano das pessoas: numa entrevista de emprego, em que se exibem documentos não coincidentes com a forma como a pessoa se apresenta, no exercício do voto, num contrato de arrendamento de uma casa, no acesso a cuidados de saúde. Trata-se de consequências concretas e quotidianas deste vazio legal.

É preciso acabar com a descoincidência entre a verdadeira identidade das pessoas, a forma como elas se apresentam e são reconhecidas pelos outros e os seus documentos, porque aquela é uma das razões concretas para a discriminação destas pessoas. É a isso que o projecto de lei do Bloco de Esquerda pretende responder, porque não é aceitável que o desconhecimento que existe e a ausência de uma lei sobre esta questão atire e imponha a estes cidadãos a humilhação, o sofrimento e a exclusão.

O projecto do Bloco de Esquerda pretende retirar este processo dos tribunais, reconhecer a identidade de género destas pessoas, fazer corresponder os documentos à verdadeira identidade que elas têm e estabelecer prazos que as protejam em relação a um prolongamento indefinido do processo médico ou do processo do reconhecimento legal.

---

[38] Nuno Miguel Ropio. *Portugal com a lei para transexuais mais liberal do mundo*. Jornal de Notícias. 18 de novembro de 2013.

Assim, com a aprovação desta lei, acabará umas das razões fundamentais para esta discriminação e começaremos a reconhecer direitos a estas pessoas, uma vez que o respeito por todos é, num País democrático, sempre uma prioridade.

Pessoas transexuais passam a ter direito à identidade

ILGA Portugal, 2011

Pouco depois da aprovação da Lei 7/2011, conhecida como Lei da Identidade de Género e, à data da sua aprovação, considerada uma das leis mais avançadas do mundo nesta matéria, a ILGA Portugal congratula-se com a sua aprovação mas mostra-se, imediatamente, apreensiva em relação às suas insuficiências[39] face às necessidades das pessoas trans e à mudança de paradigmas historicamente aceites.

Pessoas transexuais passam a ter direito à identidade

A Assembleia da República aprovou hoje por maioria a proposta de lei do Governo e o projecto de lei do BE que, preenchendo a actual lacuna legal, vêm finalmente permitir o reconhecimento da identidade de género das pessoas transexuais e promover o respeito pelos seus Direitos Humanos.

A lei da identidade de género é uma reivindicação antiga da ILGA Portugal, que ao longo de vários anos tem chamado a atenção da sociedade portuguesa e dos partidos políticos para a importância desta medida. Em Portugal, e até agora, as pessoas transexuais têm que recorrer aos tribunais para poderem corrigir o registo do sexo e nome, sujeitando-se à discricionariedade de juízes que, com níveis de informação e esclarecimento díspares, produzem decisões desiguais no final de processos longos e, inevitavelmente, humilhantes. Mais: os requisitos exigidos pela jurisprudência portuguesa para a mudança do registo são particularmente

---

[39] Em abril de 2016, o Bloco de Esquerda apresentaria uma proposta de alteração à lei 7/2011, no sentido da maior autonomia das pessoas transexuais e da autodeterminação de género, e afastamento da patologização e do poder atribuído a médicos ao invés das pessoas trans, eliminando a obrigatoriedade de diagnóstico de saúde mental. Esta exigência de autodeterminação e autonomia é atualmente expressa unanimemente por pessoas e associações trans como a API – Ação pela Identidade ou o Grupo Transexual Português – GTP e associações LGBT como a ILGA Portugal e o seu Grupo de Reflexão sobre a Transexualidade – GRIT ou as Panteras Rosa, e apoiado por partidos políticos, investigadores, académicos e organizações internacionais, nomeadamente o Conselho da Europa. A visibilidade e o enfoque crescente das – e nas – questões trans, particularmente entre 2015 e 2016 (ano do aniversário da morte de Gisberta), passa ainda pelo reforço da exigência de cuidados de saúde conformes às orientações e boas práticas internacionais e a adequação do Serviço Nacional de Saúde às necessidades das pessoas trans. Particularmente relevante é também a situação de pessoas intersexo, termo coletivo – não médico/patológico – para designar pessoas com variações naturais das características sexuais, fora do binarismo feminino-masculino. A sua exclusão dos estereótipos dicotómicos de género, o secretismo e vergonha que as envolve e a invisibilidade tornam-nas especialmente vulneráveis a situações de gravíssima violação dos Direitos Humanos, nomeadamente a discursos e crimes de ódio e intervenções médicas não consentidas como, por exemplo, as cirurgias – mutilações – realizadas a bebés e crianças intersexo, conforme denunciam os Relatórios do Comissário Europeu para os Direitos Humanos «Human Rights and Intersex people» e da Agência Europeia dos Direitos Fundamentais «The fundamental rights situation of intersex people» . Em conformidade, o documento da ILGA Portugal, elaborado em janeiro de 2016, sobre direitos das pessoas trans e intersexo alerta para: (1) a urgência em garantir que em Portugal a integridade física das pessoas (incluindo bebés e crianças) intersexo é respeitada, e que nenhum tratamento médico é efectuado sem o seu consentimento; (2) a importância da possibilidade demarcadores legais de género neutros, seja para crianças ou pessoas adultas; (3) a necessidade de realizar estudos e recolha de dados sobre as práticas médicas nesta área, bem como sobre as vidas e os desafios impostos às pessoas intersexo em Portugal; e (4) a necessidade de formação específica para profissionais de saúde e de ações e campanhas de sensibilização para o público em geral e de criação de estruturas de apoio para famílias de bebés e crianças intersexo.

problemáticos. Salientamos, aliás, o documento que a ILGA Portugal e o seu Grupo de Reflexão e Intervenção sobre Transexualidade produziram recentemente no âmbito do Projecto TRANSformation (financiado pelo Human Rights Violations Documentation Fund da ILGA-Europe), que fizemos chegar a todas/os as/os deputadas/os, e que alerta precisamente para as violações de Direitos Humanos a que as pessoas transexuais são sujeitas no âmbito destes processos em tribunal. (Este documento pode ser lido aqui)

Mas a lacuna na lei portuguesa significa ainda que, em Portugal, e durante longos anos, cada pessoa transexual é forçada a viver num limbo sócio-legal em que a sua documentação especifica o sexo atribuído à nascença, quando esse sexo não tem correspondência com a sua fisionomia e com a sua identidade. A exclusão laboral, escolar e social são, por isso, e por regra, a consequência.

Daí a importância de legislação que permita às pessoas transexuais a correcção do nome e do sexo no registo civil. É essa, de resto, a recomendação inequívoca do Comissário Europeu para os Direitos Humanos, Thomas Hammarberg, que alerta ainda para a necessidade de evitar requisitos atentatórios dos Direitos Humanos, como a obrigatoriedade de cirurgias genitais ou a esterilidade irreversível.

Foi também essa a posição que a ILGA Portugal teve oportunidade de partilhar em audiências com todos os grupos parlamentares que precederam a discussão em plenário. Apelámos, de resto, à união de todas as forças políticas em torno de objectivos que justificam essa união: simplificar, respeitar os Direitos Humanos e não empurrar as pessoas transexuais para a exclusão social.

Lamentamos, por isso, os votos contra estas duas iniciativas legislativas – e lamentamos que o sentido de responsabilidade de quem se opôs a estas iniciativas não tenha sido suficiente para um voto pelo respeito de Direitos Humanos.

Celebramos, contudo, a aprovação parlamentar desta legislação, que finalmente reconhece a existência de pessoas transexuais e o seu direito à identidade – e aguardaremos com expectativa a conclusão do processo legislativo, que esperamos que decorra com celeridade, serenidade e seriedade.

"Filhos das fufas"?
Paulo Côrte-Real, 2013

A exigência pelo acesso às formas de conjugalidade e parentalidade reconhecidas legalmente, em plena igualdade, é uma reivindicação antiga do movimento LGBT[40], em conformidade com os princípios e convenções internacionais de Direitos Humanos: «Toda pessoa tem o direito de constituir uma família, independente de sua orientação sexual ou identidade de gênero. As famílias existem em diversas formas. Nenhuma família pode ser sujeita à discriminação com base na orientação sexual ou identidade de gênero de qualquer de seus membros. Os Estados deverão: a) Tomar todas as medidas legislativas, administrativas e outras medidas necessárias para assegurar o direito de constituir família, inclusive pelo acesso à adoção ou procriação assistida (incluindo inseminação de doador), sem discriminação por motivo de orientação sexual ou identidade de género; [...]» No dia 16 de maio de 2013, Paulo Côrte-Real publica um artigo no jornal Público[41] em defesa da igualdade na adoção para os casais do mesmo sexo.

---

[40] A luta contra a discriminação homofóbica sobre as famílias de casais do mesmo sexo e as suas crianças é assinalada, resumidamente, por estes momentos-chave: (i) em 1994, o caso de João Mouta, um pai homossexual a quem é retirado o poder paternal pelo Tribunal da Relação chega à opinião pública. O argumentário do acórdão – que «A menor deve viver no seio de uma família, de uma família tradicional portuguesa, e esta não é, certamente, aquela que seu pai decidiu constituir, uma vez que vive com outro homem, como se de marido e mulher se tratasse [...] Estamos perante uma anormalidade e uma criança não deve crescer à sombra de situações anormais» – é motivo para levar o caso até ao Tribunal Europeu dos Direitos Humanos que, em 1999, condena o Estado e o obriga a pagar uma indemnização a João Mouta; (ii) em 2003, aquando da discussão da revisão do regime de adoção, e em que projeto do BE, que incluía casais do mesmo sexo, é rejeitado, um conjunto de associações – ILGA Portugal, @t. (Associação para o Estudo e Defesa dos Direitos à Identidade de Género), Clube Safo, #gayteenportugal, GOG (Grupo Oeste Gay), Não Te Prives (Grupo de Defesa dos Direitos Sexuais), PortugalGay.PT e rede ex aequo – assina um Comunicado, apelando a que não se exclua «à partida potenciais adoptantes com base no critério da orientação sexual. Crianças que merecem ter figuras parentais não podem deixar de tê-las com base em preconceitos ou falta de informação do legislador. Pedimos, por isso, e apenas, que a análise desta questão seja feita com seriedade e cientificidade.» (iii) em 2009, a organização da Conferência Internacional Políticas Integradas Contra a Discriminação das Pessoas LGBT, organizada pela ILGA Portugal, com o apoio da CIG e da CML, da EEA Grants [European Economic Area] e a Embaixada dos Países Baixos, com a participação de ativistas, políticos e académicos e, em 2011, a Conferência Famílias no Plural: alargar o conceito, largar o preconceito, no ISCTE, organizad\a pela ILGA Portugal e pelo CRIA – Centro em Rede de Investigação em Antropologia e com o apoio do Estado Português e da União Europeia e de outras organizações, nacionais e internacionais. As comunicações foram posteriormente reunidas numa publicação, com o mesmo nome, editada em 2012; (iv) a 6 de março de 2013, interposição de uma ação popular da ILGA Portugal ao Estado português, o Ministério da Justiça e o Instituto de Registos e Notariado. Representada pelo advogado Luís Grave Rodrigues, ação «destina-se a salvaguardar o direito à qualidade de vida das crianças que vivem no seio de famílias cujo agregado familiar é composto por duas pessoas do mesmo sexo, casadas, ou em união de facto, visto que o ato administrativo impugnado inviabiliza o acesso à co-parentalidade por pessoas do mesmo sexo.» ; (v) vários manifestos e comunicados, brochuras, artigos de opinião e científicos, livros e campanhas, pareceres e audiências parlamentares, de associações LGBT e não LGBT, ordens profissionais, organizações da sociedade civil, bloggers, académicos, juristas e demais especialistas em diversas áreas da sociedade civil, bem como a participação em debates e eventos públicos.

[41] Paulo Côrte-Real. *"Filhos das Fufas?"*. Jornal Público. 16 de maio de 2013.

"Filhos das fufas"?

Ao longo dos últimos anos, a ILGA Portugal tem tentado chamar a atenção para a situação de famílias com crianças criadas por casais do mesmo sexo, casados ou unidos de facto.

Sobretudo casais de mulheres, porque o recurso à inseminação artificial, ainda que limitado em Portugal, existe para todas as mulheres na maior parte dos países civilizados – e, aliás, bem aqui ao lado, em Espanha, desde 1988.

Na ação popular que interpusemos contra o Estado português para garantir a segurança e o bem-estar destas famílias, apresentamos apenas 10 exemplos – que incluem também situações com casais de homens, porque existe, por exemplo, adoção singular em Portugal e um homem gay ou uma mulher lésbica já podem, portanto, adotar e passar depois a viver também em casal. Mas as famílias são muitas mais.

Famílias em que as crianças só veem reconhecida na lei uma figura parental, embora conheçam duas – e saibam muito bem quem são as suas mães ou os seus pais. Famílias em que uma das mães ou um dos pais pura e simplesmente não existe legalmente, nem na escola, nem no hospital, nem para a assistência à família, nem em caso de separação ou divórcio, nem em caso de morte da única figura legalmente reconhecida.

Superior interesse de crianças? Era o que devíamos assegurar, sim. E o interesse destas crianças é obviamente a segurança e proteção que as demais já têm. Pois é isso que o Estado português lhes nega, com base no preconceito, na ignorância – e na displicência e negligência com que se trata as famílias de pessoas que, como aprendemos diariamente com base na prevalência do insulto quotidiano, são, afinal, um bocadinho menos do que pessoas. No fundo, o Estado ainda nos diz – e diz às nossas crianças – que as nossas crianças não interessam porque não são bem filhas de pessoas: afinal são só filhas de "fufas" ou de "paneleiros".

Qualquer discriminação implica um juízo de desvalor, qualquer discriminação tem subjacente o insulto. Mas nunca uma agressão foi tão violenta quanto aquela que, pela vontade de menorizar e de discriminar, incide sobre as nossas crianças.

É isso que será combatido ou reiterado no nosso Parlamento, no dia 17 de maio, Dia Mundial de Luta Contra a Homofobia e Transfobia.

No passado recente, o Parlamento rejeitou a possibilidade de candidatura à adoção por casais do mesmo sexo, que voltará a ser discutida. E bastaria a leitura do livro Famílias no Plural, que editámos recentemente e que conta com contributos de personalidades de renome em diversos campos do saber a nível nacional e internacional, para compreender que a manutenção dessa discriminação se baseia exclusivamente no preconceito.

Mas, para além dessa questão, discute-se ainda desta vez, e pela primeira vez, a proteção das nossas crianças com a possibilidade de coadoção nas famílias que já existem.

O Tribunal Europeu de Direitos Humanos condenou este ano a Áustria precisamente por não estender aos casais do mesmo sexo a possibilidade de coadoção (ou seja, de reconhecimento legal da segunda figura parental) que existe para casais de sexo diferente. O mesmo tribunal aponta Portugal como um exemplo da mesma violação da Convenção Europeia de Direitos Humanos, a par da Roménia, Rússia e Ucrânia.

Qualquer pessoa que olhe responsavelmente para esta questão e para a realidade das crianças criadas por casais do mesmo sexo compreende que fazer incidir a discriminação sobre as nossas crianças é absolutamente inaceitável. Temos, portanto, como o TEDH veio clarificar, a obrigação de garantir a todas as crianças a mesma proteção, independentemente dos preconceitos ou até de divergências ideológicas. O dia de amanhã será, por isso, um dia em que também se escreve uma página da história dos Direitos Humanos em Portugal – e que só se pode escrever com a palavra "responsabilidade".

Reparação, coerência, igualdade
ILGA Portugal, 2015

A aprovação legislativa que concedia igualdade de acesso ao casamento de pessoas do mesmo sexo fez-se sem incluir a parentalidade, ficando os casais homossexuais, casados ou em união de facto, expressamente excluídos da adoção. Quase de imediato teve início um demorado e conturbado processo legislativo[42] que culminaria com a apresentação, a 20 de novembro de 2015, de quatro propostas de diploma: do PS, do BE, do PEV e do PAN. No dia 17 de novembro de 2015, a ILGA Portugal divulga um comunicado incitando os deputados a aprovar o fim da discriminação no acesso à candidatura à adoção e no acesso à procriação medicamente assistida.

Reparação, coerência, igualdade

ILGA Portugal incita Parlamento a aprovar o fim da discriminação no acesso à candidatura à adoção e no acesso à procriação medicamente assistida.

Ao longo das próximas duas semanas, a Assembleia da República vai debater e votar vários projetos de lei que visam eliminar as últimas discriminações em função da orientação sexual que ainda estão consagradas na lei portuguesa: no acesso à candidatura à adoção e no acesso a técnicas de procriação medicamente assistida (PMA). Somente a eliminação de ambas significará o fim da discriminação no âmbito da parentalidade e, finalmente, a igualdade plena perante a lei.

O debate da coadoção na última legislatura trouxe para o espaço público as realidades das muitas famílias que já existem em Portugal: famílias compostas por casais do mesmo sexo que já são mães ou pais, embora não

---

[42] A Lei 2/2016, de 29 de fevereiro, elimina as discriminações no acesso à adoção, apadrinhamento civil e demais relações jurídicas familiares e põe fim a um demorado processo legislativo: (a) em 2010, a aprovação da igualdade de acesso ao casamento de pessoas do mesmo sexo faz-se sem incluir a parentalidade, ficando os casais homossexuais, casados ou em união de facto, expressamente excluídos da adoção; (b) a 17 de maio de 2013, Dia Mundial da Luta contra a Homofobia, é aprovado na generalidade o projeto de um grupo de deputados do PS, liderado por Isabel Moreira e Pedro Delgado Alves, que permite a coadoção dos filhos adotados ou biológicos dos cônjuges. O projeto – que contou com os votos favoráveis do BE, do PEV, e do PCP, a maioria do grupo parlamentar do PS e 16 deputados do PSD bem como a abstenção de deputados do PS, PSD e CDS – punha cobro a uma clara situação de violação dos Direitos Humanos, contrária, inclusivamente, a decisões do Tribunal Europeu de Direitos Humanos, e que afetava de forma direta muitas famílias já existentes; (c) a 17 de janeiro de 2014, é aprovado na Assembleia um referendo à coadoção e adoção, apresentado pela JSD, numa clara manobra de dilação, considerada por muitos no Parlamento como uma «iniciativa lamentável», nas palavras de Teresa Caeiro, deputada do CDS. A aprovação é feita com a abstenção do CDS e os votos favoráveis do PSD, que impôs disciplina de voto; na sequência, a vice-presidente do grupo parlamentar do partido, Teresa Leal Coelho, ausente da votação, apresentou a demissão do cargo. A 19 de fevereiro, o Tribunal Constitucional chumba o referendo; (d) a 20 de novembro de 2015, é aprovada na generalidade a adoção, coadoção e apadrinhamento civil por casais do mesmo sexo, tendo sido discutidos e votados quatro diplomas: do PS, do BE, do PEV e do PAN. Os quatro projetos tiveram os votos favoráveis das bancadas dos partidos da maioria parlamentar de esquerda e de 19 deputados do PSD; os projetos do BE, PEV e PAN tiveram ainda duas abstenções e o do PS, cinco abstenções. O texto final, que junta os quatro projetos, é aprovado a 18 de dezembro, com os votos favoráveis da esquerda e de 17 deputados do PSD; (e) o veto presidencial de Cavaco Silva, a 25 de janeiro de 2016, causa um novo atraso no processo, mas, após o Parlamento confirmar o diploma, a promulgação pelo Presidente é realizada a 19 de fevereiro.

tenham esse reconhecimento na lei. As realidades contrariam os fantasmas do preconceito e mostram que já há muitas crianças nas nossas escolas e na nossa sociedade com uma estrutura familiar que a lei continua a não reconhecer, com prejuízo evidente para as próprias crianças. O Parlamento, na legislatura anterior, optou por conscientemente prejudicar direitos de muitas crianças em nome do preconceito. A violência e o extremismo dessa decisão foram inéditas, nomeadamente por parte de partidos que no passado tinham já demonstrado responsabilidade face a questões de discriminação. É tempo de reparação.

Mas é também tempo de coerência.

A República Portuguesa tem como princípio fundamental o princípio da igualdade e a Constituição proíbe explicitamente a discriminação com base na orientação sexual, garantindo ainda o direito a constituir família em condições de plena igualdade.

Também as obrigações internacionais de Portugal em matéria de Direitos Humanos estão hoje a ser violadas. Isso foi evidente na discussão da questão da coadoção, com o próprio Comissário para os Direitos Humanos do Conselho da Europa a avisar o Parlamento dessa violação já identificada pelo Tribunal Europeu de Direitos Humanos, num aviso que o Parlamento optou por ignorar. Por sua vez, o acesso de todas as mulheres à PMA é também necessário para a implementação da Convenção para a Eliminação de Todas as Formas de Discriminação contra as Mulheres (CEDAW) e quer a questão da PMA quer a questão da candidatura à adoção por casais do mesmo sexo foram também levantadas aquando da recente Revisão Periódica Universal de Portugal nas Nações Unidas.

As obrigações que Portugal assumiu face aos Direitos Humanos vêm assim reforçar a obrigação constitucional de salvaguardar a igualdade no respeito dos projetos e realidades familiares de casais do mesmo sexo.

O debate parlamentar e público em torno da coadoção em casais do mesmo sexo, na legislatura anterior, tornou particularmente claro que qualquer posição que pretenda manter uma qualquer discriminação no âmbito da parentalidade não é sustentável porque não é possível argumentar sequer de forma séria no sentido da manutenção da discriminação. Já foi demonstrado à exaustão no próprio Parlamento que os argumentos favoráveis ao fim da discriminação são, esses sim, de uma solidez imbatível. Por todo o mundo, órgãos de referência das diferentes especialidades relacionadas com crianças (da Pediatria à Psicologia, passando pela Psiquiatria, Medicina Familiar ou Serviço Social) já se pronunciaram de forma inequívoca marcando o consenso das diferentes áreas do saber em torno do fim da discriminação de casais do mesmo sexo face ao exercício da parentalidade. Também em Portugal, a Ordem dos Psicólogos fez um estudo aprofundado que partilhou no Parlamento, demonstrando que não há qualquer argumento válido que possa contrariar o fim das discriminações no acesso à parentalidade.

É assim hoje mais do que evidente que o Estado não pode, em coerência, afirmar que um casal do mesmo sexo, casado ou unido de facto, não tem condições para se candidatar à adoção.

Mas é também evidente que o Estado não pode, em coerência, afirmar – e bem – que uma mulher tem o direito de interromper uma gravidez em condições de segurança mas que simultaneamente não tem o direito de a iniciar com o recurso às técnicas de PMA. Os direitos sexuais e reprodutivos das mulheres exigem respeito e exigem coerência nesse respeito. E é impensável tentar impedir um casal de mulheres de realizar em Portugal o seu desejo de parentalidade através do acesso a técnicas de PMA que já existem e estão disponíveis para outros casais. A atual proibição continua a empurrar mulheres e casais de mulheres portuguesas para o turismo civilizacional para países como Espanha, que desde 1988 disponibiliza as técnicas de PMA para qualquer mulher maior. A votação dos projetos relativos às técnicas de PMA será assim particularmente decisiva, não só em termos de recusa da homofobia mas também em termos de recusa do sexismo.

Só com o fim das discriminações no acesso à adoção e à PMA poderemos celebrar o marco histórico em que o Estado recusa, enfim, apoiar na lei a discriminação. Todas as discriminações na lei nos envergonham enquanto sociedade e contrariam os princípios que nos definem enquanto República. Nas próximas duas semanas, os partidos com representação parlamentar e as deputadas e os deputados de cada partido vão ter a oportunidade de fechar o ciclo da discriminação na lei.

Sim, há muito mais a fazer. Sim, o Estado tem a obrigação de contribuir para a luta que sabemos que será longa contra a discriminação na sociedade. Mas só poderá fazê-lo de forma credível se não a impuser, contraditoriamente, na própria lei.

É tempo de virar a página na história da discriminação.

É tempo de reparação, é tempo de coerência, é tempo de igualdade.

Da vontade das mulheres
Isabel Fiadeiro Advirta, 2015

Desde 2006, com a aprovação da Lei 32/2006, de 26 de julho, que regula a utilização e técnicas de procriação medicamente assistida (PMA), ficou expressa a discriminação de mulheres, as mulheres solteiras e as mulheres em casais do mesmo sexo: «Só as pessoas casadas que não se encontrem separadas judicialmente de pessoas e bens ou separadas de facto ou as que, sendo de sexo diferente, vivam em condições análogas às dos cônjuges há pelo menos dois anos podem recorrer a técnicas de PMA.»[43] No seu artigo de 26 de novembro de 2015, publicado no jornal Público[44], Isabel Fiadeiro Advirta manifesta o seu apoio ao alargamento do acesso às técnicas de PMA a todas as mulheres, para sublinhar o início da discussão dos projetos de lei do PS, BE, PEV e PAN na Assembleia da República[45].

Da vontade das mulheres

Portugal está prestes a atingir o primeiro patamar da igualdade – aquele onde a posição perante a lei é exatamente a mesma para qualquer pessoa, independentemente da orientação sexual ou de qualquer categoria de discriminação. Foram muitos os degraus para aqui chegarmos. Na semana passada, foi dado um passo fundamental com o alargamento do acesso à candidatura à adoção a todos os casais; amanhã será votado o alargamento do acesso às técnicas de procriação medicamente assistida (PMA) a todas as mulheres.

Até hoje, Portugal escolheu proibir (e punir) o acesso de algumas mulheres – todas as que não estejam casadas ou unidas de facto com homens

---

[43] Artigo 6º, n.º 1 da Lei 32/2006.

[44] Isabel Fiadeiro Advirta. *Da vontade das mulheres*. Jornal Público. 26 de novembro de 2015.

[45] A expectativa registada no texto de Isabel Advirta: «A partir de amanhã [27 de novembro 2015], sim, Portugal será um país que garante direitos iguais a todas as pessoas – e cuja lei não retira dignidade nem humilha ninguém.» – não encontrou, afinal, concretização nessa data. Desde 2006, aquando da aprovação da Lei 32/2006, de 26 de julho, que regula a utilização e técnicas de procriação medicamente assistida (PMA) que ficou expressa a discriminação de mulheres, as mulheres solteiras e as mulheres em casais do mesmo sexo: «Artigo 6º —Beneficiários. 1 – Só as pessoas casadas que não se encontrem separadas judicialmente de pessoas e bens ou separadas de facto ou as que, sendo de sexo diferente, vivam em condições análogas às dos cônjuges há pelo menos dois anos podem recorrer a técnicas de PMA.» Relembrando as palavras de Joana Amaral, aquando da participação da ILGA Portugal no evento Discriminações... ainda por ser mulher?!, em 2007: «É fácil fazer com que estas discriminações sejam eliminadas e é fácil ter um impacto forte na luta contra o sexismo e contra a homofobia – basta haver vontade de acabar com estes apartheids legais. Até lá, continuarei a ser discriminada por ser mulher, por ser lésbica e por me atrever a ser a pessoa que sou.» No entanto, discriminação de mulheres com base no seu estado civil e/ou orientação sexual, manteve-se, após: (a) a 20 de janeiro do 2012, a rejeição dos projetos do BE e de deputados do PS, com os votos favoráveis do BE, do PEV e da maioria dos deputados do PS, e os votos contra do PCP, da maioria do grupo do CDS (1 voto favorável ao projeto do BE, que incluía a maternidade de substituição, e algumas abstenções) e da maioria do grupo do PSD (1 voto favorável ao projeto socialista e algumas abstenções); (b) a 6 de fevereiro de 2015, a rejeição dos projetos do BE e do PS, com os votos contra do PCP, CDS e PSD (exceto um grupo de deputados); (c) a 27 de novembro de 2015, a baixa à comissão sem discussão dos projetos do PS, BE (incluindo maternidade de substituição), PEV e PAN. A expectativa registada mantém-se e parece mais perto, novamente. A 21 de abril de 2016, em votação indiciária no Grupo de Trabalho da PMA, os deputados do PS, BE, PEV, PAN e – desta vez – também do PCP votaram favoravelmente ao alargamento do acesso às técnicas de PMA a todas as mulheres, sem exceção, para que possamos, finalmente, «atingir o primeiro patamar da igualdade», nas palavras de Isabel Advirta.

– a tratamentos de fertilidade e a técnicas tão simples quanto a inseminação artificial. Porquê limitar a aplicação de técnicas de PMA existentes a casos clínicos de saúde reprodutiva em contexto heterossexual quando o acesso democratizado às mesmas servirá para ajudar a fazer nascer mais crianças – e em última análise para tornar mais pessoas felizes? Até agora, e desde 2006 (ano da primeira lei sobre PMA), esta pergunta tem ficado sem resposta. Aliás, aquando da votação em 2012 de projetos que pretendiam alargar o acesso a estas técnicas a todas as mulheres, Eurico Reis, atual Presidente do Conselho Nacional para a Procriação Medicamente Assistida, perguntava precisamente se seria legítimo usar o poder repressivo do Estado para veicular preconceitos. A resposta é simples, e é a mesma, desde sempre – não, não é.

Desde logo, a vontade de discriminar e de, pelo Estado, impor preconceitos sobre o que deve ser uma família não é legítima e tem sido crescentemente contestada – porque o alargado debate dos últimos anos tem mostrado o consenso científico sobre o exercício da parentalidade por casais do mesmo sexo, mas também porque é hoje claro para grande parte das pessoas que a igualdade perante a lei é uma questão de Direitos Humanos. A vontade de discriminar já não é, portanto, aceitável. A partir do momento em que é claro que a validade de uma família não assenta na orientação sexual das pessoas adultas mas sim nas relações de amor e respeito que prevalecem no núcleo familiar, é impossível também manter uma posição limitada sobre a finalidade da utilização das técnicas de PMA.

Infelizmente, não surpreende que a orientação sexual esteja tão claramente presente nos últimos resquícios legais de um quadro legislativo que apenas há uns anos era fortemente discriminatório. Mas na verdade também não surpreende que a última discriminação na Lei – a que impede mulheres de acederem a um procedimento médico simples – recaia sobre mulheres. Desde logo lésbicas, claro, porque também diz respeito a casais de mulheres; mas sobretudo a mulheres, a qualquer mulher que tenha vontade de engravidar e não o queira fazer com um homem.

Será sequer discutível a ideia de que as mulheres devem poder decidir iniciar uma gravidez com recurso às técnicas médicas existentes? A resposta a esta questão parece-me também simples e muito óbvia: não. Trata-se de respeitar a vontade de uma mulher – ou de duas mulheres. Talvez seja este o motivo para que esta seja a última discriminação a cair. Ao contrário da candidatura à adoção, onde a discriminação existente dizia respeito a casais de mulheres ou de homens, o acesso às técnicas de PMA diz respeito apenas a mulheres, nomeadamente a mulheres cuja vontade de serem mães pode não depender de homens. Que homofobia e sexismo andam a par, não é novidade. Que o machismo esteja tão profundamente enraizado talvez seja surpreendente.

A ILGA Portugal tem feito ao longo de muitos anos vários comunicados públicos sobre este assunto, na maioria dos quais a referência a Espanha é obrigatória; porque na verdade, no país vizinho desde 1988 que as técnicas de PMA estão disponíveis para qualquer mulher que as queira utilizar. 1988: significa que uma criança gerada nessa altura tem hoje 27 anos. Espanha compreendeu há quase três décadas a mais simples noção do que deve ser respeitar a vontade das mulheres – e desde aí, tem servido como porto de abrigo a milhares de mulheres portuguesas, muitas que atravessavam a fronteira para interromper uma gravidez, e outras que ainda a atravessam para poder iniciar uma gravidez.

O nosso país está agora em condições de, pelo contrário, passar a respeitar as nossas vontades, os nossos direitos, a nossa autonomia, a nossa saúde sexual e reprodutiva.

A partir de amanhã, sim, Portugal será um país que garante direitos iguais a todas as pessoas – e cuja lei não retira dignidade nem humilha ninguém. A partir de amanhã, seremos iguais perante a lei. A partir de amanhã, qualquer lei que seja feita passa a ser feita para incluir todas as pessoas porque a discriminação na lei nunca mais será sequer tolerável. A partir de amanhã, todas as vontades contam. Sim, as das mulheres também.

Procriação Medicamente Assistida
Declaração Conjunta de 19 Associações[46], 2016

O Movimento Democrático de Mulheres (MDM) e a ILGA Portugal produziram uma Declaração Conjunta, assinada por 18 organizações, que foi entregue à Comissão Parlamentar de Saúde, com distribuição junto do Grupo de Trabalho sobre Procriação Medicamente Assistida e grupos parlamentares. O objetivo era promover o acesso de todas as mulheres, independentemente do estado civil e orientação sexual, à inseminação artificial e demais técnicas de procriação medicamente assistida.

Procriação Medicamente Assistida

Reconhecemos a importância da evolução técnico-científica e os avanços na discussão ética e politica sobre as técnicas de procriação medicamente assistida (PMA) no sentido de assegurar a igualdade de tratamento e oportunidades das mulheres, nomeadamente no campo da saúde e também da concretização do desejo de ter filhas/os. Há, porém, uma discriminação na lei em vigor, que limita o acesso a técnicas como a inseminação artificial ou a fertilização in vitro a mulheres casadas ou unidas de facto com homens, pressupondo ainda um diagnóstico de infertilidade.

A Declaração Universal sobre Bioética e Direitos Humanos (UNESCO, 2005) reconhece o primado da dignidade humana, enfatizando a autonomia e a responsabilidade individuais e a não-discriminação. A atual discriminação no acesso a estas técnicas de procriação medicamente assistida contradiz estes princípios.

Recentemente, o Comité sobre Eliminação de Todas as Formas de Discriminação contra as Mulheres das Nações Unidas (CEDAW) publicou os seus comentários e recomendações a Portugal decorrentes do último exame, que teve lugar no dia 28 de outubro de 2015, em Genebra. Destacamos a recomendação 45:

Portugal deve "adotar medidas legislativas (...) para assegurar o acesso a serviços de reprodução assistida, incluindo a fertilização in vitro, a todas as mulheres sem quaisquer restrições".

Assim, na sequência do trabalho que está já a ser desenvolvido pela Comissão Parlamentar de Saúde, e também na sequência da eliminação da

---

[46] Além da ILGA Portugal e do MDM, a declaração foi subscrita por mais 17 organizações que integram o Conselho Consultivo da Comissão para a Cidadania e Igualdade de Género: Associação de Mulheres contra a Violência, Associação Dress For Success Lisboa, Associação Espaços – Projectos Alternativos de Mulheres e Homens, Associação Mulher Migrante, Associação não te prives – Grupo de Defesa dos Direitos Sexuais, Associação Opus Gay, Associação para o Planeamento da Família, Associação Portuguesa de Estudos sobre as Mulheres, Associação Portuguesa de Mulheres Juristas, Associação Portuguesa de Mulheres Cientistas, Comissão para a Igualdade entre Mulheres e Homens – CIMH/CGTP-IN, FNAJ – Federação Nacional de Associações Juvenis, Liga Portuguesa dos Direitos Humanos – CIVITAS, Mulher Século XXI, Rede Portuguesa de Jovens para a Igualdade de Oportunidades entre Mulheres e Homens, Soroptimist International (Portugal) – Clube Porto-Invicta e UMAR – União de Mulheres Alternativa e Resposta.

discriminação no acesso à candidatura à adoção por casais do mesmo sexo, incitamos os partidos com representação parlamentar a aprovar o fim da exclusão de mulheres solteiras e de casais de mulheres no acesso às técnicas de reprodução assistida que já são atualmente disponibilizadas para outras mulheres em Portugal, promovendo o acesso à saúde e os direitos sexuais e reprodutivos de todas as mulheres.

BIBLIOGRAFIA

Ação popular administrativa. (2013). [Em linha]. [Consultado em abril de 2016]. http://ILGA Portugal.pt/ficheiros/pdfs/AcaoPopularsemids.pdf

Agência Europeia dos Direitos Fundamentais. (2015). *The fundamental rights situation of intersex people.* Viena: FRA. [Consultado em abril de 2016]. http://fra.europa.eu/sites/default/files/fra-2015-focus-04-intersex.pdf

Almeida, São José. *O Estado Novo dizia que não havia homossexuais, mas perseguia-os.* Público [Em linha]. 17 de julho de 2009. [Consultado em abril de 2016]. https://www.publico.pt/sociedade/noticia/o-estado-novo-dizia-que-nao-havia-homossexuais-mas-perseguiaos-1392257

Barreto, José. (2012). *Fernando Pessoa e Raul Leal contra a campanha moralizadora dos estudantes em 1923. Pessoa Plural,* 2 (O./Fall), 240-270.

Brandão, Ana Maria. (2009). *Breve contributo para uma história da luta pelos direitos de gays e lésbicas na sociedade portuguesa* [Em linha]. *Semana Pedagógica da União de Mulheres Alternativa e Resposta.* [S.l. : UMAR, 2008]. [Consultado em abril de 2016]. http://repositorium.sdum.uminho.pt/bitstream/1822/8673/1/Breve%20contributo.pdf

Brandão, Ana Maria. (2009). *Lesbianismo, feminismo e activismo gay: alianças difíceis.* LESOnline, 1(1), 12-20. [Consultado em abril de 2016]. https://repositorium.sdum.uminho.pt/bitstream/1822/9977/1/Lesbianismo,%feminismo%20e%20activismo%20gay.PDF

Câncio, Fernanda. *"Os paneleiros 'hádem' morrer todos". Diário de Notícias* [Em linha]. 26 de março de 2005. [Consultado em abril de 2016]. http://www.dn.pt/arquivo/2005/interior/os-paneleiros-hadem-morrer-todos-613586.html

Cascais, António Fernando (org.). (2003). *Indisciplinar a teoria: estudos gays, lésbicos e queer.* Lisboa, Fenda Edições.

Cascais, António Fernando. (2006). *Diferentes como só nós, o associativismo GLBT Português em três andamentos. Revista Crítica de Ciências Sociais,* 76 (Dezembro), 109-126.

Centro Nacional de Cultura. (1982). *Ser (homo)sexual: encontros.* Lisboa: C. N. C.

Coelho, Salomé, & Pena, Cristiana. (2009). *Da INTERvenção à INTRAvenção: pistas para um activismo lésbico-feminista. LESOnline,* 1(1), 3-11. [Consultado em abril de 2016]. http://www.lespt.org/lesonline/index.php?journal=lo&page=article&op=viewFile&path[]=9&path[]=13

Conselho da Europa. Comissário para os Direitos Humanos. (2015). *Human rights and intersex people.* Estrasburgo: Conselho da Europa.[Consultado em abril de 2016]. https://wcd.coe.int/com.instranet.InstraServlet?command=com.instranet.CmdBlobGet&Instranet Image=2909386&SecMode=1&DocId=2367288&Usage=2

Corte-Real, Carlos Pamplona, Moreira, Isabel, & Almeida, Luís Duarte de. (2008). *O casamento entre pessoas do mesmo sexo.* Lisboa: Almedina.

ILGA Portugal. (2012). *Relatório sobre a implementação da Recomendação CM/Rec(2010)5 do Comité de Ministros do Conselho da Europa aos Estados-membros sobre medidas para o combate da discriminação em função da orientação sexual ou da identidade de género.* Lisboa: ILGA Portugal. [Consultado em abril de 2016]. http://ILGA-Portugal.pt/ficheiros/pdfs/relatoriofinalrecCE.pdf

ILGA Portugal. (2016). *Direitos das pessoas trans e intersexo*. [Em linha]. [Consultado em abril de 2016]. [Audiência com Ministro Adjunto] http://ILGA-Portugal.pt/noticias/Noticias/audiencia%20ministro%20adjunto_22.01.2016_TI.pdf

Maia, Bruno, Louçã, João Carlos, & Vitorino, Sérgio. *O movimento LGBTI em Portugal: datas e factos* [Em linha]. *esquerda.net*. [Consultado em abril de 2016]. http://www.esquerda.net/dossier/o-movimento-lgbti-em-portugal-datas-e-factos/41315 [atualizado em fevereiro de 2016 por Joana Campos a partir da cronologia elaborada em 2007]

Mamede Filho. *A brasileira que virou símbolo LGBT e cujo assassinato levou a novas leis em Portugal*. *BBC Brasil* [Em linha]. 23-02-2016. [Consultado em abril de 2016]. http://www.bbc.com/portuguese/noticias/2016/02/160218_brasileira_lgbt_portugal_mf

Nogueira, Conceição (org.), & Oliveira, João Manuel de Oliveira (org.). (2010). *Estudo sobre a discriminação em função da orientação sexual e da identidade de género*. Lisboa: CIG.

Pereira, Júlia Mendes. *Quem representa as pessoas trans e intersexo?* [Em linha]. *esquerda.net*. [Consultado em abril de 2016]. http://www.esquerda.net/opiniao/quem-representa-pessoas-trans-e-intersexo/37008

Princípios de Yogyakarta. (2007). [Em linha]. [Consultado em abril de 2016]. http://www.dhnet.org.br/direitos/sos/gays/principios_de_yogyakarta.pdf

Rodrigues, Catarina Marques. *Gisberta, 10 anos depois: a diva transexual que acabou no fundo do poço*. *Observador* [Em linha]. 21 de dezembro de 2016. [Consultado em abril de 2016]. http://observador.pt/especiais/gisberta-10-anos-diva-homofobia-atirou-fundo-do-poco/

Ropio, Nuno Miguel. *Portugal com a lei para transexuais mais liberal do mundo*. *Jornal de Notícias* [Em linha]. 18 de outubro de 2010. [Consultado em abril de 2016]. http://www.jn.pt/sociedade/interior/portugal-com-a-lei-para-transexuais-mais-liberal-do-mundo-1713304.html

Santos, Ana Cristina. (2005). *A lei do desejo: direitos humanos e minorias sexuais em Portugal*. Porto: Afrontamento.

Santos, Ana Cristina. (2002). *Sexualidades politizadas: ativismo nas áreas da AIDS e da orientação sexual em Portugal*. Cadernos de Saúde Pública, 18(3), 595-611. [Consultado em abril de 2016]. https://dx.doi.org/10.1590/S0102-311X2002000300004

Vale de Almeida, Miguel. (2009). *A chave do armário: homossexualidade, casamento, família*. Lisboa: ICS.

ÍNDICE

ILGA PORTUGAL

Fundada em 1995, a ILGA Portugal é a maior e mais antiga associação que luta pela igualdade e contra a discriminação das pessoas LGBT em Portugal. A Associação ILGA Portugal tem por principal objetivo a integração social da população lésbica, gay, bissexual e transgénero e das suas famílias em Portugal através de um programa alargado de apoio no âmbito social que garanta a melhoria da sua qualidade de vida; através da luta contra a discriminação em função da orientação sexual e da identidade de género; e, através da promoção da cidadania, dos Direitos Humanos e da igualdade de género. Trata-se de uma organização de âmbito nacional, cuja sede é em Lisboa e onde dinamiza mensalmente atividades através do Centro LGBT mas que também tem uma presença e intervenção mais sistemática na zona Norte. Além da programação mensal e da organização de grandes eventos, como é o caso dos Prémios Arco-íris e do Arraial Pride, a Associação continua a dinamizar Grupos de Interesse e Reflexão, sobre transexualidade ou intervenção política ou teor lúdico (canto, teatro, caminhadas ou desporto) e a disponibilizar vários Serviços, a partir dos quais acolhe e integra equipas de voluntári@s, como o Centro de Documentação Gonçalo Diniz, a linha de apoio Linha LGBT, o Serviço de Aconselhamento Psicológico ou o Serviço de Apoio Juridico. Integra, a nível nacional, o Conselho Consultivo da Comissão para a Cidadania e Igualdade de Género e, a nível europeu, a Plataforma para os Direitos Fundamentais da Agência da União Europeia para os Direitos Fundamentais, o corpo de entidades formadoras da Academia Europeia de Polícia – CEPOL, a Advocacy Network da ILGA-Europe e é membro fundadora da Network of European LGBT Families Association (NELFA). A nível internacional, é membro da International Gay and Lesbian Association (ILGA) e é correspondente do Dia Internacional da Luta contra a Homofobia e Transfobia (IDAHOT).

ILGA Portugal
Rua dos Fanqueiros, 38 e 40 | 21 887 3918 | http://ILGA-Portugal.pt/

Associação ILGA Portugal: ilga@ILGA-Portugal.pt
Centro LGBT: centro@ILGA-Portugal.pt
Voluntariado: voluntariado@ILGA-Portugal.pt
Centro de Documentação Gonçalo Diniz: cdgd@ILGA-Portugal.pt
SAP: sap@ILGA-Portugal.pt
Apoio Jurídico: juridico@ILGA-Portugal.pt
Observatório da Discriminação: http://ILGA-Portugal.pt/observatorio/

Linha LGBT: linha@ILGA-Portugal.pt | de 4ª a domingo, das 20h às 23h
| 218 873 922 ou 969 239 229 | Skype: linhalgbt